「誰かのために」を手放して生きる

中道あん

自由国民社

＊はじめに

はじめまして、中道あんと申します。現在は著述家、ブロガー、起業家という複数の肩書きを持つ59歳です。

２０１４年、息子のすすめで、サイバーエージェントが提供するＡｍｅｂａブログ（通称アメブロ）を書き始めました。そのとき、１つだけ決めたことがあります。「これまで、たくさん後悔してきた。何かを始めるのなら、今までとは違う、これからの10年間のがんばりを『実績で』残したい」ということです。

当時は夫と別居して2年が過ぎておりました。ちょうど、ひとりの自立した女性として歩み始めたところでした。かつての私は、夫のため、子どものため、家庭と家族を最優先に行動することで自分を満たし、社会にも貢献していたと感じていたのかもしれません。しかし、自立をきっかけに「そろそろ、自分のために何かをしたい」と強烈に感じるようになりました。

あれから9年……。私は、私のための人生を歩めています。

50代は夫婦のこと、子どもの自立、親の介護、自身の体調の変化、老後の不安など、実は悩み多き年代でもあります。「親がそうだったから」「周りもそうしているから」という具合で、誰かに合わせて生きてきたツケが「生きづらさ」として感じられてくるのもちょうどこの頃ではないでしょうか。

経済的に自立をしたいと思っても、心の片隅では夫の立場、世間の目を気にしています。私の場合は、外に出て働くことに罪悪感さえ持っていました。

いったい自分の人生は、誰のための人生なのでしょうか。

残念なことに、夫婦関係に決定的な亀裂が入り、別居するようになれば、自立した女性になることは、憧れではなく必至となります。そうなってしまったら、世間の目が気になるなんて、言ってられません。

そのとき、やっと目が覚めました。

そして、「本気で自分の人生を生きよう」と思ったのです。

自分の人生の主導権を誰かに握られるなんて、とても苦しいことだと気づきました。

夫との別居後も、正社員として働き続け、家に帰れば母にもなり、時には父にもなり、親の介護もひとりで背負っていました。「子どもには不憫《ふびん》な思いをさせたくない」と、それまで以上に暮らしの豊かさを演出することにも気を遣いました。「私しか頼る相手がいないのだから」と母の介護も手を抜きませんでした。

あれも、これも、どれもひとりでがんばった結果、ある日、私はめまいを起こして倒れてしまったのです。それでも、ごはんを作って子どもに食べさせることをやめられず、自分を労《いた》わることができません。

私には「助けてほしい」のひとことが、家族にどうしても言えませんでした。

「母親が大変なときに、『手伝おうか』のひとことも言えない家族って、なんて冷たいの」と思われるかもしれません。

でも、それは違います。私のように、なんでもかんでも自分が先手を打ってやってしまえば、周りはそれが当たり前になってしまうのです。母親が困っている、しんどいのだということが、わからないのです。「調子悪いけど、ごはんくらいは作れちゃうんだね」くらいにしか思わないものなんです。

「助けて」と言わない限り相手には――たとえそれが家族であっても――伝わらないものなのです。だから、「助けてほしい」と言えなかった当時の自分にも、問題があったと思っています。

体は1つしかないのに、いくつもの役割を果たすのは、土台無理なんです。会社でも家でも、「いい顔ばかり」するのは、自分がどうしたいかより「どう見られたいか」

が勝っているからだと気づきました。

本当は、だらしなくても、いい加減でも、どんな私でもいいんです。それがありのままの私の姿であれば、そのありのままを家族が愛してくれさえすれば、それでよかったのですね。そのことに気づいてからは、とても楽になりました。

もしあなたが、「家族のために自分ばかりが働いている」と思っていたり、「家事が嫌いだけど自分がやるしかない」と諦めていたり、「もっと自分のための時間がほしい」と願っていたりするのであれば、それは「そろそろ、本当の自分と向き合いませんか？」というサインです。これまで「家族のために」生きてきた自分に、革命を起こしてはみませんか。

この本には、そのための考え方や方法をまとめました。

本書を読むと、家族や子ども、会社のために人生を捧げてきたこと、自分を後回しにする思考回路にハッと気づくはずです。

「自立しなくちゃ」「甘えてちゃダメだ」と、少し、今の自分に危機感も覚えることでしょう。でも安心してください。そうやって、今の自分に気づくことが、人生をシフトチェンジさせる第一歩になるのですから。

難しいことは何ひとつ書いていません。ふぅ〜と肩の力を抜いて読み進めていただきたいです。

読んでいるうちに「私にも何かを変えられる」「私にも何か新しいことができる」と、希望を持ってもらえると思います。そう思い始めていただけたら、もうあなたは「誰かのために」生きる人生を卒業し、「自分のために」生きる人生のスタートを切ったといえるでしょう。


何を隠そう、120パーセント普通の主婦だった私が言うのですから、間違いありません。家族のことも大切に想いながら、私らしい時間と空間を得て、今は望み通りの人生を歩んでいます。

本書でそのヒントを皆さんにお届けできればと思います。

目次

第2章　子離れについて考えてみよう

第3章　いつかなるだろう「おひとりさま」に備えよう

第4章　お金と向き合おう

第5章　自分のワクワクを優先しよう

企画協力　渡邉　理香
編集協力　渡辺　のぞみ
デザイン　こやま　たかこ
イラスト　©ingectar-e
本文ＤＴＰ　株式会社シーエーシー

＊第1章＊

「家族のためのごはん作り」を見直そう

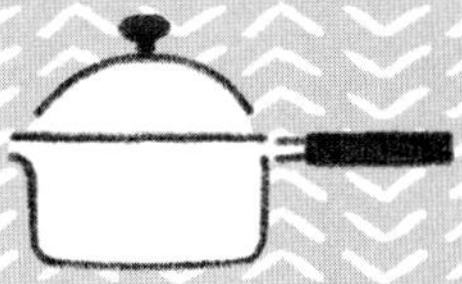

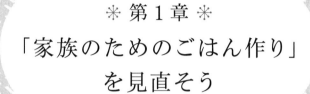

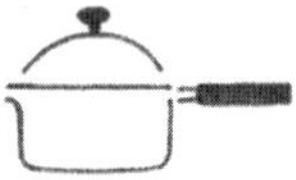

キッチンの営業時間を決めよう

今年60歳。50代最後の1年を自分らしく生きています。
でもそうなれたのは、ほんのここ数年のことなのです。

34年前に結婚して、憧れの主婦になりました。まったく疑うことなく「主婦たるものこうあるべき」と、自分が信じていた理想の主婦像に向かって、邁進《まいしん》しました。私が信じていた理想の主婦像というのは、家事も子育てもそつなくこなし、家庭を守り、外で働く夫をしっかりと支えられる人。良き妻で、良き母であることでした。

ですから、たとえば家族のための食事にも、今では信じられないような生真面目さを発揮していました。子どもが塾に通うようになったり、部活動に励むようになったりする頃から、家族がそれぞれバラバラの食事をとるようになりました。「家族の世話は自分がするもの」と信じていましたから、何の疑いもなく、ひとりひとりのスケジュールに合わせてごはんを出していたのです。時には「作りたてがおいしいだろうから」と気遣って、揚げ物などはまるで食堂のように食べるタイミングに合わせて、揚げていたくらいです。

電子レンジがない時代に育ったせいか、作りおきの惣菜を「チンする」のが、いけないことのように感じていましたし、できるだけ「おいしい状態」で食べさせたいとも思っていました。それもこれも、「いいお母さん像」への憧れというか、「主婦たるものこうあるべき」という理想の主婦像が刷り込まれていたからです。人気アニメ『サザエさん』一家のような、ほのぼのとした家庭。その中心で、朗らかにそしていきいきと、家事と育児にがんばるサザエさんのように、自慢の妻、自慢のママになりたかったのですね。

理想を思い描くのはいいけれど、そのときの自分を振り返ると、実はかなりヘトヘトでした。パートで働いてもいたので、仕事と家事と家族の世話で目が回るほどの忙しさでした。そりゃあ、疲れても当たり前ですよね。

仕事もちゃんとして、家事もちゃんとして、家族の世話もちゃんとして……「ちゃんとしよう」と思う人は、何事にも百点満点を目指そうとしてしまいます。責任感が強く、がんばり屋さんなので、周囲の信頼も厚いです。でも一方で、自分に余裕がなくなってくると「こんなはずじゃなかった」と自分を責めたり、すぐに追いつめられたりしてしまいます。そのうち、「なんで自分ばっかり」というストレスが蓄積して、些細なことに怒りを爆発させ、「すぐキレる人」になってしまいます。そんな自分にまた嫌気がさして、「私って人間ができていないなあ」と自分を責めたりもしてしまいます。

まさに、当時の私がそうでした。

自分にとっての「当たり前」の基準を変えていかないと、なかなかこの負のスパイラルからは抜け出せません。いったん「何でもしてくれる都合のいいお母さん」になってしまうと、永遠にそれを演じ続けることになるのですね。

社会人になった長男と、ある日食卓で、こんなやりとりがありました。

（目の前にごはんができているのに食べ始めない長男を見て）
あん「はよ食べや」
息子「お箸がないねん」
あん「なければお箸ぐらい自分で出したらどうや！」
息子「だって、あんさんがキッチンに立っているから、出してくれるのを待っている
　ねんけど」

正直、開いた口がふさがりませんでした。「息子はいい歳して、自分でお箸すら出せない人になってしまった」と。頭が痛かったですが、こうなってしまったのは、私のやりすぎが原因だったと、そのときようやく気づいたのです。

『過ぎたるは及ばざるが如し』とはよく言ったものですね。

それからというもの、「世話の焼きすぎは自分のためにも家族のためにも、ぜんぜん良くない」と思い直し、小さな「しないこと」を増やしていくことにしたんです。

決めたこと

＊「○○がない」と言われたら「自分で出して」と言うこと。
＊自分が出かけるときの食事は、家にいる人に任せて心配しないこと。
＊「嫌なら食べなくてもいい」というスタンスを貫くこと。

小さなことですが、少しずつ「しないこと」を重ねていって、都合のいいお母さんからの脱却を図りました。

結果、今ではキッチンの営業時間まで決まっています。今は長男とふたり暮らしで、娘は独立して月に一度帰ってくるくらいです。私はオンライン中心のワークスタイルになったのでほとんど家にいます。家族の暮らし方も徐々に変化してそんなゆるいライフスタイルになりましたから、四六時中誰かのためにキッチンに立つ必要はなくなりました。

そのため、平日のキッチンの営業時間は12〜20時までとし、ルールを決めました。

キッチンのルール

＊朝食のためにキッチンに立たない。
＊息子のためだけにキッチンに立たない。
＊夕食時間が済んだあとはキッチンに立たない。

この３つのルールを決めたら、家族のごはんのことばかりを気にしていた、『都合のいいお母さん』の顔が、すっかり影を潜めていきました。しかも、浮いた時間を自分の思い通りに過ごせているのだから、いいことずくめです。

先日、レトルト食品で炊き込みごはんを作ったのですが、あんまりおいしくなかったようで、息子はほとんどお箸をつけずに残しました。以前の私なら、「代わりに、おうどんでも作ろうか?」と再びキッチンに立っていたでしょうね。今は「あら、残念やったね～」で終わり! 我が家でカップラーメンが存在価値を高めるのは、そういう日だったりするのです。

干渉も期待もしすぎないことが、家族がいい距離感を保てる秘訣ではないかと思います。

誰かの都合を考えるより、自分の都合を優先させる妻（母）のほうが、ほのぼのした家庭に近づけるような気がします。

「自分ばっかり」と感じるのは、「がんばりすぎですよ」という心のSOSです。

すべてに満点を目指さなくても、家族も暮らしもいつも通りまわっていくものです。

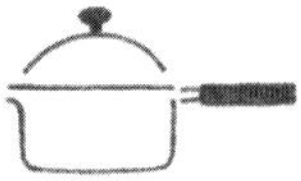

キッチンを家族に解放しよう

「キッチンは女の城」、いつの頃からこう言われ始めたのでしょうか。今や死語ですが、「男子厨房に入らず」なんて言葉もありました。

今でも京都の古い町屋には、台所が土間にあり、下履きに履き替えて立つというお宅が残っているようです。私が幼少期を過ごした家にも、土間や井戸がありました。当時の土間を思い浮かべると、玄関に近く、気軽にご近所の主婦が集まる場所。でも薄暗いし冬は寒いしで、お茶碗洗いは苦行のように見えていました。土間はまさに、女性が一日の大半を過ごす場所、そのための仕様になっていたように思います。

60年前とは違い、今は土間がある家なんてほとんどありませんし、リビングとキッチンが一緒になったＬＤＫが主流ですね。とはいえ、やはり「キッチンは女の城」という固定観念が、まだまだ根強く残っているようにも思うのです。

郵便受けに投函されたファミリータイプの建売住宅のチラシを見ていつも感じるのですが、1つしかない「書斎」という部屋は、一体誰のために作られたものでしょうか。おそらく、「父親」の部屋でしょうね。夫にあるのなら、母親（妻）のための書斎があってもよさそうなのに。書斎の代わりに妻や母親にあてがわれるのは、やはり「キッチン」や「リビング」となるわけです。

そのことに誰も疑問を呈していないのを見ると、家庭における女性の居場所というのは、土間が当たり前のようにあった時代から、そう変わっていないのではないかと思います。

子育て中は、せっかくの休日に終わらなかった家事をまとめてすることもありました。

私は食べることがこのうえなく好きなので、料理が苦になりません。食べることは生きることだと思っていますから、たとえ一食でもいい加減にしたくないのです。お腹が膨れればいいから適当に食べておくというのがどうしてもできません。だからといって、ずっと台所仕事のことが頭の片隅にあるような毎日には、そろそろピリオドを打ちたいと思うようにもなりました。

今までは、自分のためだけではなく家族のためにもキッチンに立ちました。ですから、家で過ごす時間の大半がキッチンだったのです。土間に立つ昔の女性と同じですね。

だからこそ、自分の城に対するこだわりも強く、家族がキッチンを好き勝手に使うとイラッとしました。誰かがちょっと使うだけで、キッチンツールの置き場所が変わっていたり、片づけ方が違っていたりすると、自分のテリトリーを犯されているような気分になるからです。「私がやるから、そこどいて！」と言いたくなってしまうのです。

でもこれでは、いつまでたってもキッチンは自分のお城のまま。エンドレスな台所仕事から解放されません。

そこで、最低限のルールとして「食べ終わったままの食器を放置しない」だけを決めて、キッチンを家族に解放することにしたのです。

息子が食器を洗ったり、ラーメンを作っていても、「見ざる」「言わざる」を決め込み、放っておくことにしました。

「あれぇ、○○がない」なんて声が聞こえてきても、知らんぷりして「聞かざる」に徹しました。

家族とはいえ、自分の城を自分以外の誰かに好き勝手に使われるのは、最初はすごくストレスでした。だけど、「キッチンは女の城」という思い込みに囚われていたら、何も変わりそうにありません。少しずつ「こうあるべき」を手放していったら、キッチンに対する私の長年の執着は次第に消えていきました。そのうち、キッチンに誰が立とうが、そこで何をしていようが、気にならなくなりました。多少気に入らないことがあっても「ま、いっか」と大らかになれたら、少しだけ家族に優しくできる自分になれました。

「自分の聖域だから」はもうおしまい。キッチンは誰にとっても大切な場所。

だからこそ、そこに立つ人の自由に任せたほうが、暮らしの風通しもよくなります。

おいしい記憶を作ろう

我が家の茶碗蒸しには必ずうどんが入っています。正式名称は「小田巻蒸し」というそうですが、略して「巻き」とずっと呼んでいました。子どもたちも茶碗蒸しと言えば、あんさんが作るいつもの「巻き」が当たり前でした。私が母親から受け継いだ「巻き」は、我が家の「おふくろの味」と言えるでしょうね。

ところで、「ケの日」「ハレの日」というのをご存じでしょうか。

「ケの日」はごくごく普通の毎日のこと。「ハレの日」は結婚式やお祝い事がある特別な日のこと。たとえば結婚式の祝辞などでも「このハレのよき日に……」なんて使われますね。

おふくろの味というのは、「ケの日」にいただく「ハレの日」のような料理、という位置づけではなかろうかと思うのです。

私が子どもの頃のおいしい思い出に、「イシイのハンバーグ」と「マ・マー ゆでスパゲッティ」があります。今から50年も昔のことですが、お湯で温めただけのイシイのハンバーグに、フライパンで炒めて付属の粉を振りかけただけのスパゲッティと千切りキャベツが添えられた夕ごはん。私にとってはこれも「おふくろの味」の一つです。普通の日だけれど、普段とは何かが違う。

専業主婦をしていた私の母にしてみたら、こんな夕ごはんは手抜きでしょうから、私が「おふくろの味」なんて思っていると知ったら、不機嫌になるかもしれません。でも、手抜きメニューのほうが子ども心に嬉しくてときめくこともあるのですね。


「ちゃんとしなくちゃ」という使命感から毎度の食事作りをがんばる人も少なくないでしょう。「作らねば」という気持ちで料理をすればイラつくことがあるのも当然です。実際私にも、そんなことが幾度となくありました。

家計に配慮して献立を考え、買い物をして、材料を切って煮て焼いて……。料理は総合力が求められる大変な仕事です。ちゃんとやろうとしたら、本当に疲れる大仕事なんです。その大変さの割に、食べ残しがあったり、「おいしいよ」「ありがとう」のひとこともなければ、虚しさすら感じます。家族に食事作りにまつわるイライラを聞いてもらうこともできず、食べ終えた食器をシンクにわざとぶつけて割ったことだってあります。それで気がスカッと晴れるかと思いきや、割れた食器を片づけるときの惨めな気持ちと言ったら……たとえようもありません。

どれだけ栄養価の高い手の込んだ料理を用意しても、イライラしながら作ったり食べたりしたら、健康にいいわけがありませんよね。しかも楽しい食卓風景とは、ほど遠いでしょう。何を食べるかも大事ですが、食べるシチュエーションも大事ではないかと思います。

台所仕事全般を、主婦だけの仕事とせず、できる人がやればいい仕事に少しずつ変えていけばいいのだと思います。そうすると、「おふくろの味」すら、手放していいのではないかとも思うのです。

次男夫婦は共働きで、４歳になる孫を夫婦で協力し合って育てています。たまに送られてくる写真や動画からは、次男がから揚げを作ったり、孫と一緒にパンケーキを焼いたりするほのぼのとした様子がうかがえます。私が料理を教えたことはありませんが、料理アプリなどを参考にいろいろと作っているようです。

孫にとっての「おいしい記憶」は、50年前の私の記憶、私の子育て期のそれとはまったく違うでしょうね。それを考えると、「おふくろの味」という言葉はもはや死語になりつつあるのではないでしょうか。「おふくろの味」の「おふくろ」は、「その家族の食を司《つかさど》る人」であれば、誰もがなり得るわけです。「パパの味」「ばあばの味」「お姉ちゃんの味」……そんな言葉も出てくるかもしれませんね。そのほうが、いろんな家族の形がある、今どきらしさを感じます。ちょっぴりでいいので、そんな現代の「おふくろの味」を、味わってみたいなあという気持ちにもなります。

「誰が何を作るか」より、誰が作ったどんなごはんであれ、「どう食べるか」のほうが、はるかに大事です。

「手作り信仰」は笑顔でスルーしよう

暑い夏には麺類のツルツルした口当たりがいいですね。おいしさの決め手は麺つゆですが、私の実家では鶏肉や干し椎茸でとった出汁が決め手の母の手作り麺つゆでした。私にとって、麺つゆは買うものではなく作るものでした。

母同様、私にも自家製麺つゆレシピがあります。天つゆや親子丼にも活用できる万能つゆです。すごく簡単に作れるので「手作り麺つゆ黄金比率」と題して、手作りする理由もくわしく書いてブログで紹介したところ、20万近いアクセスがあり、反響の大きさに驚きました。

「真似してみたい」「作ってみました」というコメントが多い一方で、「私の母は市販の麺つゆしか使ったことがありません。まるで母のことを否定されたみたいで悲しいです」というコメントもいただきました。とっても簡単にできて便利だからこそ「これくらいの手作りならやってみるのもいいんじゃないかしら?・」という軽い気持ちで紹介したのですが、たとえば、同じことを、お姑さんや夫から言われたとしたら、どうでしょうか。これはプレッシャー以外の何物でもないですね。

私の自家製麺つゆレシピに、違和感や拒否感を覚えた方の気持ちも、後からじわじわとわかってきたのです。おそらく、ちょっと手間暇かけることに、「妻や母親だったら、して当然のこと、当たり前のこと」という無言のプレッシャー、価値観の押しつけを感じてしまったのではないかと思うのです。同時に、いまだにこういうプレッシャーや価値観に、悩まされている方が多いという現れとも感じました。

時代は令和になり、女性が男性と同じかそれ以上に働くことも当たり前になりました。家庭環境も働き方も本当に多様化しています。「男性は外で働き、女性は家庭を守る」という昭和の価値観で、「主婦たるものこうあるべき」というのをあれこれ言うのはナンセンスです。

もちろん、自家製麺つゆレシピを紹介したのは、「ぜひ、手作りを!」という気持ちからでは毛頭なかったのですが、「母親だったら○○くらいは作りましょう」というような余計なお世話のように受け止めてしまった読者の方がいらしたのも、また事実なのです。ネガティブな反響が、女性が台所仕事に費やす時間がまだまだ多いという今の日本の現実を教えてくれたようにも感じたのでした。

60代が見えてきて、20代、30代、40代の頃を少しの余裕を持って振り返られる年齢に私は少しずつ差しかかっています。だからこそ、自分より若い世代に「最近の親は……」みたいなことを言う評論家にはならないよう心がけているつもりですが、自家製麺つゆレシピをきっかけに、「手作りこそがいい」という手作り信仰と女性の仕事についても、改めて考えさせられました。同時に、無意識に世話焼きおばさんのような発言をしていないか、気をつけなくては……と思うきっかけにもなりました。

自分が子育てをしていたときも、この「手作り信仰」は根強かったと思います。できあいのお惣菜を買うことにも若干の抵抗感を持っていたくらいですから。

たとえば、ポテトサラダ。

どこのスーパーにもコンビニにもポテトサラダはあります。食欲旺盛の子どもたちが満足するほどのポテトサラダを買っていたら家計に響くから、お財布の紐を締めて時間をかけてでも「ポテトサラダくらいは作ろう」と思っていました。……いえ、手作りしなければいけないものだと信じていました。

でも、「ポテトサラダくらい」と言うほど、実は簡単ではないのです。レシピはいろいろあるのでしょうけれど、じゃがいもの皮をむいて茹でてつぶし、塩もみしたきゅうりやにんじんなどの生野菜、マヨネーズを入れて混ぜ合わせる……使う材料もできあがりまでのステップもわりと多いうえに、温かい材料と冷たい材料を混ぜ合わせるタイミングも考えないといけません。意外と手間がかかるおかずなんです。食べるのが専門の家族には、その面倒くささがわからないでしょう。だからこそ、どこのスーパーやコンビニにも置いてある惣菜なのでしょうね。今ならその意味が身に沁みてよくわかるのです。

「作る時間がない」「作るのが面倒」という理由もあるでしょうけれど、材料費や作る手間と食べる量を考えると、お惣菜を買うほうが、お得な場合も多いと感じます。ポテトサラダだって、どんぶりいっぱい食べるわけじゃなくて、小鉢に少しくらいでいいのなら、一から作るよりも、買ったほうがお得な場合もあるでしょう。

最近のスーパーは消費者に親切です。「16時以降に作りました」なんていうステッカーをつけて、夕ごはんの時間に合わせた豊富なレパートリーの惣菜をどんどん並べてくれるのですから。

疲れを感じたら惣菜コーナーへ。堂々と賢く、利用しましょう。

できあいの惣菜は食卓の救世主。手作りの呪縛からあなたを自由にしてくれるもの。どんどん頼っていいのです。

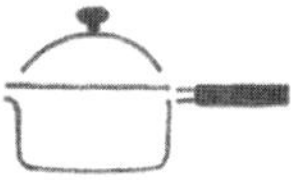

こだわりを手放そう

知り合いの女性は派遣社員として働いています。仕事も忙しいので、家族3人分の夕ごはん作りに負担を感じていました。なんと言っても、ごはん作りは毎日のこと。夫と社会人の子どももいるのに、どうして自分ばかりが食事の準備をしなくてはならないのか。不満に思っていても「あなたたちで作ってよ」なんてことを強くは言えませんでした。だって、それが自分の仕事だと思っていたからです（正確には「思い込んでいた」ということなのですが）。

彼女はブログを始めてみたいと思っていたのですが、「帰宅後に、自分のための時間なんて、作れそうにないな」と半ば諦めていました。でも、新しいことを始めたい気持ちが抑えきれず、思いきって料理の手を抜くことにしたのですね。

彼女が時間を捻出するために決めた3つのルールは次の通りです。

＊主菜はスーパーのお惣菜に頼る。
＊副菜は週1回の作りおきでまかなう。
＊スーパーでの買いもの時間を減らす。

そして空いた時間を使ってブロガーとしての一歩を踏み出したのです（家族には、「手抜きでごめんなさい」という小さな罪悪感を抱いていたそうです）。

ある日曜日の朝のこと。週末だからと布団の中でのんびりしていると、夫が寝室にひょいと顔を出し「今夜はおでんにしたから！」とひとこと。「なんだ、なんだ？」とキッチンに行くと、おでんのいいにおいでいっぱい。もうできあがっていたのです。仕事が忙しいうえにブログも始めたので、平日はお惣菜かレトルト食品に頼るのが当たり前になっていました。そんなこともあり、ついに夫は「自分の食べたいものを自分で作る」という行動に出たのだそうです。

いつもごはんができるのを待っているだけの夫が、一からおでんを作るなんて、彼女にとってはとても意外だったそう。しかも、大きなお鍋の中には、夫が大好きなゆで卵がたくさん、鍋の中でおいしい出汁を染み込ませながら、いい感じの色合いになって浮かんでいます。紛れもなくそれは、夫にしか作れないであろう、夫好みのおでん……思わず呆気《あっけ》にとられてしまったのだそうです。

それにしても、わざわざ寝ている妻に報告しにくるなんて男の人ってかわいいところがありますね！　彼女はもともと、とても料理が得意でした。旬の食材を使ったおいしい手料理をこれまで食卓に出してきました。家族のためを思って、栄養面も考えて「ちゃんと食べさせなきゃ」と責任感もありました。

でも、そのおでんを見て「なーんだ、夫にも食べたいものがあるんだ」と、肩の力が抜けたそうです。「料理をするのは自分（妻・母）でなければいけない」というのは、自分にかけた呪いみたいなものだったと気づいたそうです。「朝からおでんなんて作って、ゆっくり寝ている私に当てつけかしら？」なんて敵対心や猜疑心《さいぎしん》を持たずに、「おかげさまで、ラクができてよかった！」とありがたがるのが、彼女の素直ないいところです。喜ぶ妻の姿を見たら夫のほうも「これからはおでんなら、僕に任せて」って、なるんじゃないかしら？

彼女は手抜きのルールを決めて、新しいことにチャレンジする時間を手に入れました。結果、夫の意外な才能――得意なおでんなら自分以上に上手に作ってしまうこと――の大発見にもつながったのです。

私たちは、本当に忙しい日々を送っています。でも、その「忙しい」はもしかしたらいくらでも変えられるかもしれません。

「忙しい！」が理由で何かにチャレンジできないのはもったいなさすぎます。
負担に思っていることがあったら、まずは1つでいいので、手放してみましょう。

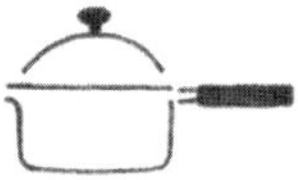

「甘える」「頼る」「委《ゆだ》ねる」人になろう

女性だから料理や育児をするのは当たり前。反対に、男性はしなくてもできなくてもまあ仕方ない。このような性別による役割分担の意識は、長い歴史の中で作られてきたものです。ジェンダー平等が当たり前の現在では、そろそろ、そんな固定観念も払拭しないといけませんね。いえ、しないといけないというより、「女性だから」「男性だから」という決めつけはもう通用しない時代になったのです。

それを踏まえると、自分が子育てをしていた時代とは隔世の感があります。当時は男性が子育てにかかわることはほとんどありませんでした。我が家の場合も、私が専業主婦で夫は外で仕事に忙しく、ずっとワンオペ育児。育児のしんどさに加え家事の負担も100パーセント抱え込んでいましたから、パートとはいえ主婦業もこなしながら働いていた時代は、知らず知らずのうちに不満や疲れもたまっていました。

自分だけならお茶漬けをサラサラと流し込むだけの適当な食事で済ませても、会社で働いている夫やお腹を空かせている子どものために、キッチンに立ちました。「疲れているから外食したいな」と頭の片隅で思っていても、5人が外食をすれば1万円は飛んでいきます。財布を預かる主婦としては、無計画な外食は自分の首を絞めているようなものです。だから、疲れていてもキッチンに立ってしまうのですね。そのストレスの矛先は、次第に家事をしない「夫」への恨みになっていくのです。怖いですよね。

嫌なことを我慢して続けていくのはしんどいものです。1回分の不満はわずかでも、どんどん蓄積されていけばいつか不満は噴水のように噴き出します。そうなってからでは、自分でもどうしようもなくなるのではないでしょうか。

たとえば、仕事の多くは、さまざまな関係者の力を借りて、協力しながら進んでいくものです。私が主婦業という仕事に全力を注いでいたときは、自分だけでなんとかしようとしてばかりで、他者との関わりがとっても薄かったのですね。木を見て森を見ずとでも言いましょうか。仕事を俯瞰《ふかん》するということをしていませんでした。

独立して、フリーランスになって働いている今は、ひとりですべてやらなくてはなりません。でも、ひとりじゃできないこともたくさんあります。自分の能力を発揮できる部分とできない部分があることにも気づきました。苦手なことを自分ひとりで抱え込んでしまうと、「目的」を達成するまでには時間も労力も人一倍必要になります。

ここにきてようやく、「ひとりでできることには限界がある」と気づきました。そしてやっと「助けてほしい」と言える人になったのです。

人を自分のために動かしたいとき（動いてもらいたいとき）には必ず、「動く理由」「動く動機づけ」が必要です。そのため、仕事の場合は、「誰のために動くのか」「何のために動くのか」「どんな目的や目標のために動くのか」などを、動いてほしい（手伝ってほしい）相手に伝えます。相手に「なるほど」と腑に落ちてもらう必要があるからです。仕事として依頼するのですからお金が発生しますが、いくら支払いがあったとしても、やはり「相手のためにしてあげたい」という気持ちがなければうまくいかないでしょう。だから、仕事ができる人は、誰かを巻き込む力にとても長《た》けていて、コミュニケーション能力が高いのです。

今だからわかるのですが、家庭も1つの会社なのですね。だから、家族がうまく暮らしていくにはパートナーや家族を巻き込む力が必要です。しんどいことがあったら、「家族にどうしてほしいのか」「そうしてくれることで、家族にどんなメリットがあるのか」を具体的に話して、コミュニケーションをとっていくのが大事なのです。「ごはんを作りたくないから外食すればいいや」と自分ひとりで結論を出してしまうのではなく、家族に相談すれば、他に何かできることが見つかるかもしれません。

困っていることを伝えれば、「どうしたらいいか」を家族が一緒に考えるきっかけにもなります。間違っても、あからさまに高圧的な態度で「手伝ってよ」「なんとかしてよ」「私ばっかり」と不満をぶちまけるだけで終わらせないこと。家族を仕事相手だとイメージして、「どういう動機なら動いてくれそうか」「どう伝えれば機嫌よく引き受けてくれるのか」、日頃から考える癖をつけておくのもいいでしょう。

私は「長女だからしっかりして」という親や周りの期待に応えながら育ってきたの

で、「甘える」「頼る」「委ねる」ということが、どうにも苦手になってしまいました。
でも、仕事で独立してから、少しずつ、苦手を克服していきました。そうしたら、ちょっぴり問題解決能力が高まって、立ちはだかる困った壁を、乗り越えられるようになった気がします。

「巻き込み力」を高めておきましょう。
そうすれば、間違いなくどんな場所でも、あなたの能力を最大限に活かせます。

夫にも「ひとり時間」を大切にしてもらおう

定年退職後の夫を皮肉った、平成元年（１９８９年）頃の流行語、「濡れ落ち葉」。「濡れた落ち葉が地面に張りつくとなかなかはがれないように、仕事も趣味も友人もいなくて、妻にピタリと張りついて離れない夫のこと」を言います。

妻が買い物に行こうものなら「俺も行く」とついてきます。「来なくていいよ」とは無下《むげ》には拒否できない妻。ついてくるのはいいけれど、あれこれ文句を言うものだから、妻も嫌になり、つい嫁いだ娘に電話をかけて愚痴を言います。私の両親が、まさにこんな感じの夫婦でした。喧嘩するくらいなら別行動すればいいのに。愚痴を聞かされる子どもからしたら、いい迷惑です。

30年という年月を経て、今の夫婦関係はどうでしょうか。

ある友人の場合。旅行好きの夫がいろんなところに連れていってくれるのはいいのだけれど、夫の相手をするのにほとほと疲れると言います。「だったら、夫にひとり旅させたらいいんじゃないの？」と言うと「ひとりで行くわけがないよ。だってひとりで楽しむ術《すべ》を知らない人なんだから。だから結局『一緒に行こう』という具合になっちゃうのよ」と。

そういう友人も、いざひとりで日帰り旅行をしたら「なんだか、虚しかった」と言うくらいなので、夫婦そろってひとりが苦手で、なんだかんだ言って夫婦ふたりでいることが好きなのだろうなと感じました。

別の友人は、旅先でひとり時間を満喫できる人。長年連れ添った夫婦とはいえ、旅の過ごし方と好みまで一緒だとは限りません。この夫婦の割りきり方は実にさっぱりしています。まるで修学旅行のように、目的地に着いたら集合時間と場所だけを決めておいて、いったん解散するのだとか。お互いに自由な時間を過ごしたあとホテルに集合し、その後は一緒に過ごすのだと言います。これはこれで、自立した大人の旅のスタイルですね（どちらかというと私は後者の旅が好みです）。

どんなに仲のいい夫婦でも、ひとりの時間は必要です。ひとりの良さがわかるからこそ、誰かと一緒の時間を楽しむ術も、わかるのでしょう。

特に女性は、子どもができたらママ友作りに始まって、趣味や子どもの学校活動などを通して、コミュニティというか、自分の居場所作りが割と得意です。家の外につながりを求めていると、やることがなくて暇、とはなりにくいのですね。

一方、私と同年代の男性は、20代前半で就職してから定年までの約40年間、仕事一筋で、社外に居場所がないという人も多いのではないでしょうか。今の若い働く世代にはあり得ない人生観ですね。

あなたの夫は、定年退職後にどんな人生設計をお持ちでしょうか。定年後、在職中の平日の勤務時間と同じだけの自由時間があるとしたら、「1日10時間×月～金曜日までの5日＝毎週50時間」を自由に使えるのです（平日だけで、ですよ！）。もし、何もすることがなかったら、どうなるでしょうか。想像するだけでゾッとしませんか。

いきなり50時間もの自由時間を持て余してしまうことがないように、時間があるときにでもぜひ、ご夫婦で今からお伝えするワークをやってみてください。そして、「退職後の1週間の平凡な過ごし方」をデザインしてみましょう。

縦軸には時間を書く

横軸には曜日を書く

週に1度は雨の日設定

表の枠には「すること」、「これからしたいこと」を書く

	月	火	水	木	金
			雨の日設定		
午前　5時					
6					
7					
8					
9					
10					
11					
12					
午後　1					
2					
3					
4					
5					
6					
7					
8					
9					
10					
11					
12					

〈準備するもの〉

☑ノート
☑鉛筆

〈やり方〉

ノートの横軸に、月曜日から金曜日までの曜日を、縦軸に、朝5時から夜の12時までの時間を書いて、表を作ります。

表の枠には「すること」、もしくは「将来（これから）したいこと」を書き込みます。

〈注意点〉

☑季節を今に設定します。
☑週に1日は雨の日を設定し、お金をかけずに楽しめることを書きます（旅行以外で）。

やってみて、どうでしょうか。あなたの夫は空欄をいくつ埋められましたか。あなた自身はどうだったでしょうか。

今は夫が仕事で家を空けることが多くても、いつかそんな日も終わります。そのときのためにも精神的に自立した夫婦のあり方を意識しておくのがいいと思うのです。

「私は好きにするから、あなたも好きにしてね」「俺は今日、用事があるから」「私は友だちと出かけるから」というように、お互いがひとり時間を有意義に過ごせるのがいいですよね。ひとりの時間、ふたりの時間の割合をどう塩梅《あんばい》するのか。そのためには、こんなワークで老後の時間のイメージトレーニングをしておくことも無駄ではないはずです。夫が濡れ落ち葉にならないためにも、また妻が夫にとっての都合のいい女にならないためにも。

夫婦といえども違う人間ふたり。
お互いに自分の時間を生きていきましょう。

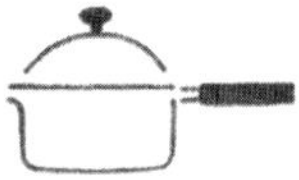

名もなき家事に用心しよう

家のことをやるのは嫌いじゃありません。でも「ちゃんとしよう」としたらキリがないのも事実。しかも家族はどうやら、「料理」「洗濯」「そうじ」という目立つ家事だけを家事だと認識しているようですが、名前のつけようがない細かな仕事だってたくさんあります。全部をこなしていたら、仕事で疲れていても休息できないし、趣味の時間も取れないし、一向に自分の時間なんてないままです。

すると、プチストレスがたまっていき、やがてささいなことで不満が大爆発！　ある友人は、夫の何気ないひとことにカチンときて、気づいたら夫に白菜を投げつけていたそうです（やっちゃいけないとわかっていてもですね……。気持ちはよくわかります）。

このような大爆発の原因は何か？　と分析してみると、完璧を目指して真面目過ぎたこと、そして、「○○が当たり前」という常識に縛られていたからではないかと気づきました。

たとえば、「タオルと下着は分けて洗う」というこだわりがあると、洗濯の回数が増えます。洗濯の回数が増えれば洗剤の減りも早くなり購入頻度も増えます。

でも、こだわりを見直して「全部一緒に洗う」ことにすれば、どうでしょう？　それだけで、名もなき家事が１つか２つ、消去できます。

名もなき家事は、ちょっとした時間泥棒です。私が自分の時間を守るために作った家事ルールをご紹介します。参考までに試してみてください。そして、あなただけのズボラだけど賢い家事ルールがあれば、周りの人にどんどん教えてあげましょう。

☑裏返しのシャツや靴下はそのまま洗う――着るときに直せばＯＫ。
☑トイレットペーパーは芯なしに限る――捨てる手間を省略。
☑シャンプー、リンスは詰め替えを買わない――ボトルに詰め替える手間を省略。
☑ゴミ箱は１個にする――ゴミ集めをしなくても済む。

☑洗濯物はハンガー干しで――乾いたらそのままクローゼットへ移動。
☑配膳は給食スタイル――キッチンとテーブル間の移動は1回のみ。
☑大きなバスタオルは使わない――コンパクトサイズなら洗う&干すがラク。
☑高くてもクリーニング屋さんに回収を頼む――店頭に行く手間を省略。
☑スーパー・ドラッグストアには極力行かない――ネット調達で買い物も時短。
☑手間のかかる家電は手放す――トースター・扇風機のそうじの手間がなくなる。
☑DMはことごとく断る――メールの整理時間を短縮。
☑マットはことごとく廃止――洗濯・買い替えなどの手間がいらない。

時は金なり。
自分の時間を死守するための家事ルールはどんどんアップデートしましょう。

第2章
子離れについて考えてみよう

沈黙の母になろう

周りの年長者からのお節介な子育て論に、嫌気がさした経験はないでしょうか。

私には保育園に通う女の子の孫がひとりいます。東京で暮らしているので滅多に会えないのですが、顔を見ればつい、よかれと思って手も口も出したくなるものですね。

でも、それはしないでおこうと心に決めています。自分の子育てを思い返してみると、こちらが聞いてもいないのに、母や義母から「私のときはこうだった」「もっとこうしたほうがいい」「これはやめたほうがいい」なんていうアドバイスを、これでもかと聞かされていたからです。親たちの「善意に満ちたおせっかい」を、私はずっと苦々しい思いで聞いていました。


特に嫌な思いをしたのが、勉強や進学について。

「通知表を見せてほしい」「受験や進学する学校について教えてほしい」と首をつっこんでくるだけでなく、「うちの子の場合は○○だった」と古い受験勉強ノウハウまで押しつけてくるのだから、たまったもんじゃありません。「そんなことじゃいい学校に入れないわよ」と言わんばかりの態度にムッとすることもありました。時代が変われば人気校も変わるし、受験制度だって変わります。社会のあり方もすごい勢いで変わっているのに、何十年も前の受験体験談が参考になるとは到底思えませんでした。義母のママ友のひとりは、息子の合格を祈願して毎日水行をしていたそうです。気持ちはわからなくもないですが、ちょっと怖いですよね。私がそんなことされたら、逆にプレッシャーに押しつぶされちゃいそうな気がします。

このように、親から受けた古臭い子育てアドバイスは、もはや「呪い」でしかありません。親たちに悪気はなく、むしろ孫かわいさによかれと思ってのことなのですが（だから余計にタチが悪いのですね）。

自分の経験を人にアドバイスするとちょっと気持ちよくなるものです。だから、親のアドバイスに反論したり聞く耳を持たないと「あなたのためを思って……」と、説教じみた言い方が返ってきます（私の場合はそうでした）。すると「アドバイスを受け入れられない自分のほうが間違っているのかもしれない」と不安になってくるのです。だからもう、これは一種の「呪い」なのだと思うのです。

年頃になった私の娘が料理を手伝わないのを見て、「これじゃあ将来、何もできない女性になる。炊事の躾《しつけ》がなってない」としつこく注意をされたこともありました。母に言われた通り、私は中学生くらいから家事全般を手伝っていました。だから大人になってから料理するのに困ることはなかったのです。そんなふうに育ててくれたことには感謝ですが、ただ、自分の経験から言えるのは、プロになるならともかく、家で食べるごはんくらい誰でも作れるようになるのです。必要に迫られれば、ほとんどのことができるようになります。実際、「料理の躾がなってない」と母に咎《とが》められていた娘は、Ｉｎｓｔａｇｒａｍやレシピアプリを活用して自分が食べたい料理にどんどんチャレンジしています。実家では食べたことがなかったおかず満載のお弁当を作って、職場のランチタイムを楽しんでいます。

自分がされて嫌だったことは、子どもたちにしないようにしようと心に決めました。その代わりに、子どもたちから頼まれたことは、黙ってサポートするようにしています。それでいいのではないかと思っています。

誰かがすすめる「正しい子育て」をするのは苦しいだけです。家事と同じで子育てにも完璧なんてナシ。ごきげんなお母さんでいることが子どもにとっては一番です。

見張らないで、見守ろう

結婚10年目にもなると家の中に不用品も目立ち始め、収納もパンパンに。メルカリはもちろんヤフオクさえない時代でしたから、家の片づけのためにママ友と大型公園で開催されるフリーマーケットに参加しました。

出かける朝のこと。「手伝う！」とついてきた長男は、下敷き1枚を大事そうに持っています。見ると、その下敷きには菓子パンの景品「ポケモンシール」がびっしり！なんと、当時小学4年生の長男は、そのシールをフリマで売るつもりだったのです。

また、ある時期長男はオンラインゲームの世界にどっぷりハマり、その世界ではちょっと知られた存在でトップレベルの人気でした。しかも、大人相手にしっかり稼いでいたのです！　これには本当に驚きました。バーチャルな世界で稼ぐなんて、当時の私の考えではあり得ないことでした。でも、そういうことがもう当たり前の時代になっていたのですね。

長男の意外な一面には驚いてばかりでした。ただ、後からはたと気づいたのです。自分の常識の範囲でしか長男を見ていなかったことに。長男が突拍子もないことをしていたのではなく、自分の世界の見方や常識が、凝り固まっていただけだということに。

長男は私の想像の範疇《はんちゅう》を超えることが多い子どもでした。

やりたくないことは、ごたくを並べてガンとしてやらない。

やりたいことは、周囲があきれるほどに延々とやり続ける。

探求心と知的好奇心にあふれているとも言えますが、当時の私はそれが１つの才能だと認識していなかったのですね。子どもにもその子なりの人格があるということに鈍感でした。「ゲームばっかりやって、ろくでもない大人になるんじゃないか」「そんな暇があるなら勉強をしたほうがいいに決まっている」と思い込んでいました。私が理想とする「ちゃんとした大人」と比較しては、いつも怒ってばかりいました。

「親」という字は「木」の上に「立」って「見」る、と書きます。わざわざ木の上に立って見守るということは、これまでの知見だけでなく、より広い視野に立って我が子を見たり、自立した将来をイメージするということです。でも当時の私は、とても近視眼的に、子どもを見ていたような気がします。学校の成績とか、周囲の評価とか、世間の常識とか、そういったものと自分の子どもを比べて、目に見えるわかりやすい部分ばかりで評価していたような気がします。そのため、「失敗させないように」と、子どもも見張っているだけだったとも言えます。

そんな子育ては、ただただ、本当にしんどいだけ、でした。

生まれたときは誰でも、まっさらな状態です。でも、親の価値観、学校教育、人間関係、社会の常識を徐々に刷り込まれて、少しずつ固定観念に縛られていくようになるのですね。歳を重ねるほど、世の中の新しい動きに鈍感になったり、対応しにくくなったりします。

でも、子どもはまだまだ柔軟です。おろしたてのスポンジのように、興味のあることは素直にどんどん吸収していきます。ポケモンシールを売ってみたり、ゲームで人気を博して稼いだりなんて、昭和生まれの親には思いもつかなかったことです。時代はどんどん変わっていきます。子どものほうが新しいものに価値を見出し、一から何かを考える力に長けているのではないでしょうか。

そもそも「未来を創る」子どものほうが賢くなくちゃ、日本の未来も危ういでしょう！ だから、子どもが想定外のことをしてくれたほうが、むしろいいはずです。親の想定内のことしかしないようじゃ、そのほうが心配です。

そう考えると、親の今までの価値観で、「将来どうなるんだろう」「ちゃんと仕事ができるようになるかな」なんて思うのは、いらぬ心配ではないでしょうか。むしろ余計なお世話かもしれません。

見張っているだけの親は、子どもの足かせです。
新しい時代にフィットした生き方は、子ども自身に探求してもらいましょう。

失敗は笑い飛ばそう

初めて母になったのは26歳のときです。

結婚式が女性の幸せの絶頂だと信じていたのに、分娩台で激痛に苦しんだ後に誕生した長男を抱きしめた瞬間、これまでに味わったことがないような幸福感に包まれました。今でもはっきりとその感覚を覚えています。

そんな愛すべき長男に、「健康であればそれだけでいい」なんて当初は思っていたのですが、それは建前でした。

育てていくうちに、「将来はこんなふうになってほしい」「勉強ができる子になってほしい」「同級生の誰よりも優れた子でいてほしい」などという期待がむくむくと湧いてきたのです。

だんだん口やかましく言うようになり、過干渉な母親になってしまいました。子どもが今何をしているのか気になって仕方がない。子どもが自分の言う通りにしないと腹が立つ――。いつのまにか、私の期待通りに「ちゃんと」してほしいと願うようになりました。

こうなると子育てはしんどくなります。

できなければ、叱ります。でも、ぜんぜん言うことを聞いてくれないとだんだん腹が立ってきて「いい加減に言うことを聞きなさい！」と怒鳴ってしまう……そんなこともありました。「こんなんじゃダメだ」とあれこれ心配し続けていると、起きてほしくない心配事が見事に現実になるのです。現実とは不思議なもので、良きにつけ悪しきにつけ、自分が望む通りになるものなのですね。

長男の子育てはめちゃくちゃ手がかかって大変だったとずっと思い込んでいたのですが、今考えれば長男に問題があったわけじゃなく、私の態度が長男を育てにくい子に仕立てていたのです。問題があったのは、母親の私のほうだったのです。

それで、あるときから、長男が何をしようが気にしないようにしました。最終的に「子どもが幸せであること」が、何よりも素晴らしいことだと思うようにしたのです。

それから、驚くほど子育てがラクになっていきました。

いい大人になった長男とは、めちゃくちゃ仲が良く、いろんな話をします。先日ふと「もし過去に戻れるのならば、あなたの子育てを一からやり直したい」と言った瞬間、長男に大爆笑されました。そして、こう言われました。

「あんさん、それって自分が何を言っているか、わかってる？　子育てをやり直したいということは、子育てに失敗したと言ってるようなもんやで。ということは、俺のことを『失敗作です』と宣言しているようなもんやで。俺って失敗作かぁ？」と。

自分が未熟なために、うまく子育てができなかったと、私はずっと後悔していたのです。でも、長男を失敗作なんて思ったことは一度もありません。

「そんなこと言うてない。自分がもっとちゃんとできていれば、違う人生というか、もっと可能性を拡げられたかもしれんと思って……」

すると長男はしれっとした表情でこう言ったのです。

「あんさんの言わんとすることは、よーくわかる。でも、過去を否定すると、今を否定することになるで」

ハッと目が覚めました。「確かにその通りだ」と。

子育てをやり直せるなら、自分の思い通りにするために子どもにあれこれ言うなんてことはしないでしょう。もっと、子どもの「好きなこと」を存分にさせてあげるでしょう。

でも、過去の自分は変えられません。時間も取り戻せません。

きっとあのときの私も、自分なりに精一杯、子育てをしていたはずなのです。ベストを尽くしていたのです。だからもう、過去の自分に評価を下すのはやめることにしました。

「○○すればよかった」と否定的に考えず、「あのときはそう考えていたんだもん。仕方ないよね」「あのときはあれでよかったんじゃないかな」と思うことで、過去の自分から自由になれます。

人生を振り返れば、数多くの失敗を重ねてきています。思い出すのも嫌な過去の1つや2つ、誰にでもあるものです。「もう、二度と同じ過ちはしない」と思った経験が、今に活きてくるのですから、失敗した過去も捨てたものではありません。

ふと昔を振り返って否定的な気持ちになったら「まっ、そんな自分もいたよね」って、笑い飛ばすくらいでいいのではないでしょうか。

長男には「いたらぬ母で、すみませんでした」と謝っておきました。そして、もう二度と子育てを悔やむことはするまいと心に誓いました。

50年も生きていれば、そこそこの失敗があるほうが普通でしょう。失敗だらけの人生は、真剣に生きてきた証拠です。

子どもの心配はやめよう

ママ友が集まると決まって子どもの話題になります。やれ、どこそこの息子はどこの大学に行っただの、あそこの娘さんはキャビンアテンダント希望らしいなどなど。どうしても子どもの受験とか就職の話題になりがちです。

ふと思うのです。親はいつまで子どもの面倒をみなくてはいけないのだろうかと。私は高卒で就職をしましたから、18歳から働き、給料をもらっていました。２０２２年４月から成年年齢が18歳に引き下げられました。選挙権もあるのですから、高校を卒業したらもういろんな意味で、大人と言えるのではないでしょうか。

我が家の教育方針は「働かざるもの食うべからず」。大学生になったらおこづかいは自分で稼ぐものと子どもたちにも伝えていました。大学受験に失敗し浪人した次男にも浪人中だからといって甘い顔はせず、おこづかいを渡しませんでした。浪人期間中、次男はそれまでに貯めたお年玉で何とかやりくりをしていたようです。

勉強に忙しい、アルバイトをする時間がないという理由で、親がおこづかいを渡している家庭もあるようです。私のところに相談に来る女性は、子どもが大学生くらいになり、将来も見えてきたので起業したいという人が少なくありません。50代くらいになると体力的にも仕事がきつくなり、キャリアチェンジを考える場合もあるようです。私も55歳で起業したので、その気持ちはよくわかります。ただ、起業するとなるとそれなりの自己資金・自己投資が必要です。準備や勉強にお金もかかります。

でも中には、その費用を工面できないという人もいます。理由を尋ねると、「子どもにほしがるものを買い与えているため、自分のために使えるお金がない」というケースが割とあるのです。これには本当に驚きました。

親は子どもに苦労をさせたくないものです。「不憫《ふびん》な思いをさせたくない」「不自由をさせたくない」という親心もよくわかります。ですが、それではいつまで経っても、子どもが自立できません。そして、あなた自身も自分の人生を先送りすることになります。

子離れにはタイミングがあります。そのタイミングにうまく乗れるかどうかは、親次第です。体力や精神力も、ずっと若いままではいられません。時期がくれば子どものために与え続けることが、辛くなってくるはずです。それが自然なことですね。

水の流れに逆らって泳ぐのってめちゃくちゃしんどいものです。子離れもそれと同じだと思うのです。子離れの波が来ていたら、迷わず波に身を任せましょう。親が助けてくれるうちは、子どもは浮き輪をはめて泳いでいるようなもの。ラクかもしれませんが、それではいつまで経っても子どもは自力で泳げないままです。浮き輪を外されたら溺れるだけ……それは恐怖でしかないですよね。

子どもがある程度の年齢になったら、干渉しないと決めることです。あなたがよかれと思ってやっていることは、あなたや子どもの成長を止めることになりますよ。

子どものことを理由に、自分のやりたいことを先延ばしにしてはいませんか。18歳になったらもう立派な大人。優先順位のトップは、自分です。

子どもの部屋は子どもの「城」

長男がひとり暮らしを始めたのは18歳のときです。すぐに生活できるように全部をそろえてあげて、「はいどうぞ」と送り出しました。向こうも初めてなら、こちらも初めて。最初は「初めて料理した」とか「近所にこんな店がある」とか電話がかかってきましたが、それもほんの初めだけ。結果、気になって「困っていることはない?」とこちらから電話をかける始末。「ない」と即答されるとなぜかがっかりする私。「そんなことはないだろう」と思ってしまうのです。

たまに「差し入れ」を理由に立ち寄ってみると、そこには猛烈に汚れた部屋が……!
「なんでこんなことになっているの!?」と尋ねるものの、長男の返事も聞かずに、「ほら、やっぱり思った通りだ」「ちゃんとせなあかんやん」と言って、自分の出番とばかりにテキパキとそうじしてしまう自分がいたのでした。
スッキリきれいに片づけられた部屋を眺めて、「あぁ、来てよかったー」と私は大満足。

そんなことを何度かやっているうちに、「これは、何かが間違っているかも……」と思い始めました。常識的に考えても、おかしいですよね。ひとり暮らしをしている長男は、もう立派な大人。自分のことは自分でできるのだから、勝手に部屋に踏み込んでいって「なんや、あんたできてないやん！」と片づけするなんて、まるで侵略か不法侵入です。

初めての子に対しては、親のほうも初めてのことばかり。だから、何かと心配しがちですが、私のやっていることは「親のエゴ」「自己満足」だと気づきました。「きれいに整えられた部屋で暮らすのがいい」というのは私の価値観であって、息子の価値観ではないのですから。

自分の部屋は、自分で整えていくものですよね。私も独身時代には実家に自分の部屋がありました。自分の好きなことをして過ごせる、「自分だけの城」でした。両親が私の部屋に入ってきて、あれこれ口やかましく言われたこともありませんし、そこで一緒にくつろいだこともありません。もし、親が自分の部屋にずかずか入ってきたら、かなり嫌だったと思います。

好き勝手にそうじしたり片づけたりしてしまいましたが、長男の部屋に押しかけたときは、なんとなく居心地が悪いような、違和感を覚えてもいました。それでも行ってしまったのは、「ちゃんと病」を発症させてしまったから。「かわいい我が子のちゃんとした暮らしのためなら何をしてもいい」という気持ちにさせてしまう、厄介な病気。「ちゃんと病」は母親をいとも簡単に、不法侵入者にしてしまいます。

男の子は基本的に母親に優しいのではないでしょうか。「余計なお世話だ」「どうでもいいよ」「ほっといてくれ」と思っていても、面と向かって母親にはキツく言いません。だから母親のほうも遠慮がなくなっていくのです。息子の優しさに甘んじないよう、母親のほうが一線を引かないと、この悪循環はエンドレスになります。

「いつまでもこんなことをしていたら、お互いのためにならない」と気づいた私は、長男の部屋に行かなくなりました。本音を言えば、最初はちょっとばかり辛かったですけれどね。

いつかは、子離れをしなくてはいけません。それにはもう、理屈抜きで「心配しない」「放っておく」と決めるしかないです。そして自分の好きなことや楽しいことに、どんどん時間を割いていくと、子どものことばかりにかまってもいられなくなります。

余談ですが、実家から遠く離れた街でひとり暮らしを始めた次男の部屋には、一度も行くことがありませんでした。そのせいでしょうか。次男は大学卒業後すぐに付き合っていた女性と結婚し、夫婦で協力して家事と育児をしているようです。早々と「自分たちの城」を築き始めてくれました。

「そうじ」と称した「不法侵入」は、やめましょう。
子どもの部屋はあなたの居場所ではありません。

自分のことを信頼しよう

「もう、あんたのことが心配で」というのが母の口癖でした。周りから、「お母さん、子ども想いなんだね」と言われることもありましたが、私はそうではないと気づいていました。

母は自分のことを信頼できないので、本当の意味で人を信頼することができなかったのです。「娘たちがいなくなったら、私はどうすればいいのだろう」といつも心配していました。「娘のことが心配」と言いながら、実のところ本当に心配だったのは、自分のことだったのです。自分のことを信頼できないと、他人を自分と同じ次元で考えてしまいます。子どもを心配しすぎる人は、自己肯定感や、「自分はこれでいいんだ」という自分軸のようなものが、とても弱いのではないかと思うのです。

子どものことを心配ばかりしているのは、子どもを見張っているのと同じです。実際、私がそう感じていましたから。私は小さいときだけでなく、大人になってからもずっと母の監視下に置かれているような感じでした。飲んで遅くに帰ってくると寝ずに待っていて、「私がこんなに心配しているのにこんな夜遅くまで！　おかげで眠れやしない」と怒りを爆発させていました。一事が万事こんな調子で大迷惑。正直、母の存在を鬱陶《うっとう》しく感じていたほどでした。

どんな親だって、自分の子どもに疎ましく思われたくはないですよね。子どもと良好な関係を築きたいなら、自分を信頼する力が必要だと思います。

高校、大学、就職と子どもが成長するにあたり心配の種は尽きません。中には、不登校、引きこもりになるお子さんもいるでしょう。一向に結婚する様子がなかったり、家から出て自立する気配もなかったりということもあるでしょう。子どもの心配の種を数え上げればキリがないほどです。

でもとりあえず、「大丈夫」だと思ってみませんか。

若い頃の私は、結婚さえすれば人生は安泰だと思っていました。それなのに、夫婦関係が悪化して別れて暮らすことになりました。絶対に受かると思っていた就職試験に落ちて絶望したり、学費が家計を圧迫して貯蓄がなくなったりなんてこともありました。安泰な人生などありえないと、今なら断言できます。ただ、これまで順風満帆とは言えない人生でしたが、不幸ではなかったと思うのです。

人生はすんなり思い通りにならないものですが、いいほう悪いほうどっちに転んだって、結局は大丈夫なんです。なんだかんだあっても大丈夫なんだと確信できれば、子どもの未来だって、信じられるようになります。そうしたら、いつまでも子ども主体で生きる母親からも卒業できます。少なくとも「子どものことが心配で自分のことが後回し」という人ではなくなります。自分の楽しみを見つけられるようになり、ひとりの時間を持てるようになります。

あなたが子どもを心配しすぎるという自覚があるのなら、まず自分を信頼できているか、ちょっと自分のことを俯瞰してみましょう。

なんとなく帳尻合わせができるようになっている、それが人生です。
だから子どものことも先々のことも、心配しなくて大丈夫。

「いい母親になる」を手放そう

私が母との関係で救われたのは、「毒親」という言葉を知ったからです。なにしろ、その言葉を知るまでは「世界中を探しても私ほど親に恵まれない子はいない」と悲観していたのですから。もしかして、母親は病気ではないかと思い、本屋さんで医学書を立ち読みして同じような症例がないか調べてみたほどです。いくら探しても見つからなかったのに、「毒親」というカテゴリーを知って、「なんだぁ。苦しんでいるのは自分だけじゃないんだ」と妙に安心したのを覚えています。

日本では「親や年上の人を敬い、言うことを聞きましょう」という文化的な背景があります。特に私は昭和生まれの世代ですから、年齢に関する序列の意識を厳しく言われて育ちました。「親の話を聞け」「親に逆らうな」なんていう言葉は日常茶飯事。

ですから、とにかく親の機嫌を損ねないように気を遣って生きていました。そのせいか、「実は親から嫌われているんじゃないか」「私は愛されていないんじゃないか」とずっと思っていたのです。母が施設に入所するまでの53年間、私は母のことを考えない日はありませんでした。今考えれば、それくらい精神的に母親に支配され続けていたのだと思います。

ただ、母を看取って思うのは、決して私を愛していなかったわけじゃない、ということ。母は精神的に自立できていなかったのですね。そのために、自分のことを自分で解決できず、いつも苦しんでいたのだと思います。だから、子どもたちを気にかけることで自分の不安を紛らわしていたわけですが、本人に悪気がないのが厄介でした。

子を持つ母なら誰もが、「いい母親になりたい」という想いを抱くと思います。「ちゃんと食べさせなくてはいけない」「一家団欒《だんらん》は素晴らしいもの、楽しくなくちゃいけない」「将来困らないように、子どもたちを導かなくてはいけない」、心のどこかで、こんなふうに自分に言い聞かせていることもあるはずです。その根っこには、「親ならばこうあるべき」「家庭とはこういうもの」「子どもはこう育つもの」という「思い込み」があります。

でも、多くの人の中にある「いいお母さん像」は、自分が創り上げた姿であって、子どもが必要としているお母さんのイメージとは、ちょっと違っていたりもします。その「ズレ」が曲者《くせもの》なんですね。親子関係がこじれる原因の1つがここにあります。

親がよかれと思ってやっていることが、子どもにとってははなはだ迷惑なことだってあるのです。そもそも子どもが何を求めているかなんて、わかりません。子どもにはそれぞれ個性もあるし、親とはまったく別の人間なのだから。

「自分の親がしてくれたから、我が子にも……」というのも微妙ですね。時代はどんどん変わっているし、価値観も子育ての常識も、親世代とはまったく違うのですから。それを子どもに押しつけたら、自分のことを理解してくれない「毒親」だと感じてしまうでしょう。

悪気がないって、すごく厄介なのです。

もし、あなたが「いい母親になりたい」という思いが強いのであれば、一度、ちょっと自分に問いかけてみてください。

＊「いい母親になりたい」のは、どうしてなのか？
＊誰のために、「いい母親になりたい」のか？

そして、その本音はどこにあるのか、探ってみてください。

「いい母親」になろうなんて、思わなくても大丈夫。だってそれはどこかの誰かの幻想だから。親子で今日も呼吸できてるなら、それでよし。

とりあえず、笑おう

母のあだ名は「ロダンの考える人」（あの、手で顎《あご》を支えて何やら思いにふけっている有名な芸術作品）……ちょっと笑ってしまいますよね。いつも不機嫌と不安のベールを身にまとっていて、全身からネガティブオーラがバンバン出ていたので、こんなあだ名がついたのでした。

昭和時代は専業主婦が当たり前。家にはいつでもどんなときでも、母親がいました。だから母親の存在はとても大きかったのです。その母親が目の前でネガティブなオーラを四六時中放っていたら……想像してみてください。家族にとってはめちゃくちゃしんどいです。

わたしが子どもの頃から、母は不機嫌なことが多かったです。特に家族がそろう夕ごはんのとき、不機嫌はマックスになりました。せっかくのごはんがまるで砂を噛むようにまずくなりました。味つけはいつもと変わらないのに、まるでおいしくないし、どこに入っていったのかもわからない。よく心配事があると、いくらおいしいものでも喉を通らないなんて言われますよね。いつもと変わらぬ食卓が、誰かの不機嫌で不穏な空気になると、一気にまずくなるのです。幸せなんて、とうてい感じられません。

母親が終始不機嫌だった理由は、いろいろあったと思うのです。自分自身への自信のなさ、そこに端を発した将来への不安。あと、子育てから家事まで、家の中の仕事を一手に引き受けていて、単純に疲れていたということもあるでしょう。

自分も結婚して、主婦になり、子育ても経験した今なら、母の気持ちが少しはわかるのです。でも、子どもの私にはそこまで考えが及ばず、母はずっと「ロダンの考える人」でした。

そんな母がとても嬉しそうな顔を見せてくれたことがあります。それは、私が結婚する日の朝のことです。花嫁衣裳の着つけのため私は家族より一足先に家を出ることになっていました。迎えのハイヤーに乗る私を見送ってくれた母は、満面の笑顔。後にも先にも、あれ以上の笑顔を見たことがありません。そのときの幸福感といったら……それまでに感じたことがないほどでした。今でもはっきりとその感覚は覚えています。そのときわかったんです。「母親が笑顔なら、子どもは幸せなんだ」ということを。

残念ながら、私の結婚生活はうまくいかなくなりました。信頼できる人に相談しましたが、「我慢するように」と言われるだけで解決の糸口は見つかりませんでした。夫婦喧嘩をしてこなかったので、夫に対して不満をぶつけることもありませんでした。夫婦の問題を「自分の問題」として抱え込んで、ひとりで悩んでいました。

でも、満たされない気持ちは、行動に現れてしまうのですね。私が鬱々《うつうつ》としていたので、家族が集う食卓はいつのまにか、まるでお通夜のようになってしまいました。笑顔どころかシーンとして会話もありません。そうなれば、ごはんもぜんぜんおいしくない。夫の前で、まったく笑っていないことにも気づきました。

この重苦しい食卓の空気には、覚えがありました。

そう、あの「ロダンの考える人」が家のど真ん中にいた、私の実家の食卓の風景と同じだったのです。私はいつのまにか、あれだけ嫌っていた母のようになっていたのです。

これ以上「砂を噛むようなごはんは、食べたくない」——夫に別居を申し出たのは、そう思った直後のことだったと思います。

別居後しばらくして、中学生だった娘から「ママが幸せそうに見えたことがない。なんで結婚したん?」と言われ、心にグサッと刺さりました。夫婦喧嘩さえしなければ「幸せ」は繕えると思っていましたが、子どもは敏感に感じ取っているのですね。すべてお見通しだったのだとわかりました。

「母親の笑顔」の数は、家庭の幸せのバロメーターなのです。

「自分さえ我慢すればいい」などと思っていると、笑顔からは遠ざかってしまいます。

世界中の幸せをぎゅっと詰め合わせたような七福神。あの神様たちのお顔は皆、朗らかな笑顔ですよね。

笑顔と運気と幸せには、相関関係があります。あなたが笑顔でいることが周りの空気を和やかにし、幸せのオーラも伝わっていくのです。

ですから、あなたが笑顔になれる状態を作ることが、子どもにとって何よりも大事なことと言えるんです。

辛くて笑えないときも、ちょっとだけ口角を上げてみましょう。
自分の心を整理する時間を積極的に作って、笑顔を取り戻しましょう！

どっぷり、ハマろう

子どもの手が離れると時間があまるようになってきます。家族からも「好きなことをやればいいよ」と言われて、初めて「あれ、好きなことがわからない!?」ということに気づき、焦る人も少なくありません。

私が思う「好きなこと」というのは、「考えるだけでワクワクすること」です。言い換えれば、「それを失ってしまったら、たちまち元気がなくなる」みたいなことです。仕事や家事をしていると、「会社、行きたくない」「料理、やりたくない」という日がありますよね。やらざるを得ないから、なんとか「やる気スイッチ」を入れてやっていることって、日常生活にはたくさんあります。仕事や家庭を回すためには必要なことですね。

でも、好きなことって『『やる気スイッチ』を入れる必要がないこと」なのです。

私はピラティスを始めて2年になりますが、億劫に感じたり嫌だなと思ったことはありません。だから、がんばらなくても続くし、やっていて楽しいので、自然にうまくなります。

私のライフワークになったブログや日本酒、ひとり旅も、「ちょっとおもしろそう！」「どんなものかな、知りたいな！」「ドキドキしそう！」などと、最初のきっかけは自分の心が動いたことでした。それで、とりあえずやってみた結果が「好きなこと」になったのです。

「好きなこと」というのは一生懸命探すようなものでもないと思います。コツは「ふと」した瞬間に芽生えた好奇心の芽を摘まないことです。

随分前になりますが、たまたまテレビで紹介されていた、ニューヨークスタイルのアップルパイに一目惚れしてしまったことがあります。そして、さっそくそのお店に食べに行きました。お店で食べてみて「これなら私にも作れるかも……作ってみたい！」と思い、その場でケーキ教室受講の申し込みをしました。

きっかけや理由なんて、どうでもいいのです。大事なことは、やってみてハマっていくかどうかです。

アップルパイ作りに挑戦したのは、ちょうど子どもたちが思春期にさしかかり、どんどん自分の将来を決めていく時期と重なっていました。

子どもたちが成長し、それぞれの進路の岐路に立っているときって、母親はふと寂しさを感じるものなのです。

ですがケーキ作りに夢中になっていた私は、自分の好きなことで忙しかったおかげで、俗に言う「空の巣症候群」とは無縁でした。

母はよく、「子育て中が人生で一番輝いていた」「大きくなったら、みんな私を置いて出ていってしまう。私は捨てられた」と嘆いていたのですが、それは子育てが終了し、時間を持てあましていたからだと思うのです。なんでもいいから夢中になることがあれば、過去にとらわれず、ワクワクできると思います。そして、未来にも目がいくようになります。ある意味それは、自分を大切に扱ってあげることであり、自分を知るきっかけにもなると思うのです。

だから、ふと思いついたこと、なんだか気になることは、躊躇《ちゅうちょ》せずにやってみましょう。やってみて自分に合わなければ、それはそれでいいと思います。「合わない」という結果がわかればあっさり手放せますよね。そして、また別の気になることと出会えます。

「好きなこと」なら、やる気スイッチはずーっと入りっぱなしになるものです。ふと心が動いたら、それは何かを始めるチャンスです。

✳ 第3章 ✳

いつかなるだろう「おひとりさま」に備えよう

つながり上手な「ひとりぼっち」になろう

自分のことを「おひとりさま」と言うと、「離婚してないでしょ」とか、「息子さんと同居ですよね」と言われることが多いです。

でも、「おひとりさま」は、「結婚していないひとり暮らしの人」だけを指すのではないですよね。パートナーがいようが、子どもがいようが、人はみんな「ひとり」だと思っています。それは、母から依存されて息苦しかったこと、夫に対して遠慮があったこと、我が子とはいえ子どもは別人格で自分のものではないという実体験があったからです。

私は「人から期待される」のも、「人に期待する」のも、違うんじゃないのかなと思うようになりました。結局「期待していいのは自分だけ」という考えに行き着きました。こんなふうに言うとなんだか孤独で寂しい人のように思われるかもしれませんが、自分のことを自分で決めていく生き方は気持ちのよいものです。

夫と別居する決断は、とことん自分と向き合って考え抜いた結果でした。ですから、別居後は晴れ晴れとした気分になれました。やはりそれは「ひとりの時間」を作って繰り返し内省を重ねてきたからだと思います。腹が決まったらもう進むしかありません。

友人が失恋して、こちらが見ていられないほど落ち込んでしまい、どうなることかと心配したことがありました。それまでお互いに支え合ってきたはずなのに、ふたりの関係は意図せずに終わってしまった……。でも、生活は今までと同じように続きます。いつまでも泣いているわけにはいきません。少しずつでも立ち直って次の生活にシフトしていくためにも、「ひとりの時間」を持って「ひとりの楽しみ」を持っておくことが必要です。そうしたら、彼女のように突然の喪失感や孤独に直面したときでも、立ち直りやすくなります。

相手に寄りかかりすぎたり、すがりつきすぎてしまうのもよくないのではないかと思うのです。自分の足で立っていなければ、相手とのいい関係性を築いていけないのではないでしょうか。それが、夫であったり、子どもであったり、会社であったりしても同じだと思います。

みんな、実は「ひとり」なのです。だからこそ、「ひとりの時間」が必要なんですね。「ひとりの時間」は本来の自分に還る時間であり、なによりも大切にすべき時間だと思っています。

とはいえ、「ひとりが好き」だからと周りから孤立したら、生きにくくなります。人はひとりでは生きていけないのですから。

女性は男性よりも平均寿命が長いですから、たとえ結婚していたとしても「おひとりさま」になる確率は男性よりも高いです。ですから、誰にも頼らない「孤立したひとりぼっち」ではなく、ほどほどに周囲とのつながりがある「自立したひとりぼっち」が理想だと思うのです。

＊地域のコミュニティに参加する。
＊ご近所付き合いを大切にする。
＊仕事と家庭以外の自分の居場所「サードプレイス」を持つ。
＊趣味の時間を持つ。
＊ＳＮＳで発信する場を持つ。

人や地域とゆるくつながる機会は、こんなふうにいくらでも作ることができます。自分が透明人間にならないように、今からできることを少しずつ、始めてみてはどうでしょうか。

孤独と孤立は違います。周囲とゆるくつながったおひとりさまは、いつでもどこでもしなやかに生きられます。

自分だけのお気に入りをそろえてみよう

最近、60代くらいから暮らしをダウンサイズして「小さな暮らし」を始めるご夫婦が増えたそうです。

知人は狭小住宅を購入し、夫婦ふたり暮らしのためにフルリノベーションしました。夫婦のどちらが先に逝くかなんてわかりませんが、主たる経済力の夫がいなくなったときを想定し、妻のひとり暮らしをイメージして住まい作りをしたそうです。ひとりになったら、同じようなひとり暮らしの人にシェアハウスとして賃貸できる仕様になっているのだとか。それならば、ひとり暮らしの寂しさや不安なども和らぐでしょうし、家賃収入も得られます。素晴らしいアイデアだと思いました。

この知人のように、家族の単位も「夫婦だけ」になると、「こうしたい」「ああしたい」が言いやすくなります。でも、子どもがいて家族の人数が多いうちは、なかなか自分の希望を声に出せないことも多いものです。何をするにも何を買うにも、「みんなにとってどうだろう」と考えてしまいます。それはそれで素晴らしいのですが、自分のことを置き去りにしがちになるのですね。食器１つ買うにしても家族分必要だと思ってしまうと、あっというまに予算オーバー……。だから私は長いこと、自分の「こうしたい」「ああしたい」を封印していました。

末っ子が成人し、そろそろ自立が視野に入った頃。自分のひとり暮らしを具体的に考え始めました。我が家には息子がおり、出ていく気配が今のところないので実際はふたり暮らしですが、「シェアハウスでひとり暮らし」している気分です。３年前にリフォームをしたときには「将来のおひとりさま」に備えて、随分とものを減らしました。今まで以上に自分を労《いたわ》って、自分だけの時間を大事にするようになりました。

そして、封印していた自分の「こうしたい」「ああしたい」を解禁したのです。その象徴とも言えるのが、お気に入りのティーカップでコーヒーや紅茶を飲むこと。お気に入りのティーカップのほうが、自分ひとりのティータイムも充実すると思いました。適当になりがちなことこそ、ちょっとこだわりたいと思ったのです。

そのため、今まではただ憧れるだけだった外国製のティーカップを「1客ずつ」集めていきました。初めて購入したときは、「なんだか自分だけ、いいのかな」なんて思っていたのですが、家族分そろえたところで出番は数えるほどだとわかると「自分の将来のために買おう」とすんなり前に進めたのでした。

カップを置いた飾り棚は私のお気に入りの場所です。小さなスペースですが色も形もさまざまなカップを見ていると、なんだか安らぎます。自分を慈しんでいるような、大事にしているような、そんな気分になれるのです。友人が遊びに来たときにばらばらのティーカップでおもてなしをしましたが、それはそれで味があってよかったです。

家の中にちょっとずつでいいから、「好きなものを1つ」を取り入れていきませんか。自分だけの場所やものを持つことで、誰かと暮らしていても「自分の居場所」ができます。自分スタイルで暮らす練習にもなりますし、いつかなるであろう「おひとりさま」への備えにもなりますよ。

自分好みの暮らし方をするにも、練習が必要です。
少しずつ始めてみませんか。

「ひとりカフェ」をしてみよう

あなたはひとりで外食したりカフェでお茶を飲んだりできますか？　仕事柄、40代以降の女性と話をする機会が多いのですが、買い物に出かけたときでも飲まず食わずで家に帰る人は結構多いのです。理由を聞いてみると、

「なんだか落ち着かない」
「どこを見ていればいいのかわからない」
「ひとりで寂しそうだと思われないか不安」
「話相手がほしくなる」
「なんだか恥ずかしい」

こんな返事が返ってきます。

きっと周りの目を気にしすぎてしまっているのですね。自分が思っているほどには、人は他人のことを気にしていないものなのですが。「これおいしそうだな。でも、今ひとりだから、○○さんを誘って今度来てみよう」では、今あなたがせっかく「したい」と思った感情を、自分で制限することになります。それはもったいないですね。

自分に自分でリミットをかけそうになったら、それを外す口実があるといいと思います。たとえば、スマホを使ってフードライターを気取ってみるとか。私もこれはよくやります。ちょっと気取った店にひとりでいるのは、ひとりが好きな私でも、確かに落ち着かないことがあります。そんなときは「私は食レポ中！」と思うようにしています。そうするとフレンチのコースだって、ひとりでも楽しく、おいしくいただくことができるから不思議です。

人と待ち合わせをしているふうに装ってみるのもいいですね。大阪の繁華街で待ち合わせするときには、よく梅田の紀伊國屋書店前の広場を利用しますが、たいていひとりで人混みの中に佇《たたず》むことになります。そんなとき、ちょっと所在なさを感じたら、「今自分は、カフェで誰かを待っているんだ」と思い込むようにしています。

そう、ひとりでいることに慣れるための武者修行に、「カフェ」は持ってこいの場所なんです。「カフェにひとりで行ける人」になるステップを、私なりにちょっと考えてみました。

☑ステップ1――ビジネスマンやひとり客が多い「ドトール」や「星乃珈琲店」などのチェーン店から始める。カウンターや仕切りがあって周りの視線が目に入りにくい。店員さんとの距離感が遠いのもいい。

☑ステップ2――ご近所や街の「自分好みのカフェ」を調べて、入ってみる。自分の「セカンドルーム」を探す気分で、心地いい場所を探してみる。こうした店は行きつけになれば、お店の人とのおしゃべりも楽しみになる。

☑ステップ3――通りすがりの「ふと気になったカフェ」に入ってみる。自分の直感が当たるようになれば、お店を探すことそのものが楽しくなる。ここまでくれば、どんなお店でも入れるようになる。

こんなふうに「ひとりカフェ」も徐々に慣れてくると、考え事をしたり、読書をしたり、ＳＮＳを見たり、好きなことに意識を集中できるようになります。隣の席の雑談さえ耳に入らなくなります。いつでもどこでも自分の居場所にできたら、家以外の拠《よ》り所が増えますね。

ちなみに、私にとってとびきりの「ひとりカフェ」はホテルのティーラウンジです。コーヒーが１杯１５００円以上するので財布にはかなり厳しいのですが、ラグジュアリーな空間に身を置くと、心身ともにリフレッシュされていくのがわかります。特に思考がとてもクリアになるので、集中して何かをしたいときにはとてもいい場所です。最高のおもてなしをしてくれるので、自分がとても大事にされた気分になれるのが好きです。

「ひとりでも平気」なことが増えると、もっと自由に、たくましくなれるから不思議です。

カウンター席で寿司を食べよう

日本人はお寿司が大好きです。でも、カウンター越しで職人が握ってくれるお寿司屋さんは、少し敷居が高く感じてしまうものですね。

「職人さんとどんなふうに会話していいかわからない」「ネタを食べる順番から、お醤油のつけ方、お箸の持ち方など、マナーが不安」「どのタイミングで声をかけたらいいかわからない」「お会計が怖い（メニューがない店は特に！）」などなど。お手軽に利用できる回転寿司店とは違って、躊躇《ちゅうちょ》してしまう理由がたくさんあります。

でも、お寿司は日本が世界に誇る食文化の1つ。職人さんに握ってもらったお寿司を、「好きなときに食べられる人でありたい」と、私は思いました。だからこそ、遊園地のアトラクションに行く気分で「カウンターで食べる寿司」に挑戦してみることにしたのです。

おすすめは、ランチタイム。ディナータイムになると、ビジネスの接待や会食もあり、さすがに女性ひとりでは敷居が高すぎます。お値段だってお高くなるのは当然のこと。なので、おすすめはランチタイムなんです。

ひとり寿司ランチを成功させるコツをまとめてみました。

①予約する

事前にひとりだとわかると端の席を用意してくれます。

②おまかせ握り2500～5000円くらいを注文する

ネタ選びに迷ったり、店の人に声をかけるタイミングに迷ったりせず味わうことに集中できます。あらかじめ支払い金額のめぼしがついているのも安心。

③感じたことを素直に声に出してみる

余裕があったら、好みのネタのときに「わぁ、これ好きなんです。おいしそうですね」とひと声かけてみます。あなた好みのネタに変更してくれたり、追加注文のときに好きそうなものを提案してくれたりします。それがコミュニケーションのきっかけになることもありますよ。

④マナーを忘れて楽しんでみる

マナーを無視するのはよくありません。ですが、マナーを気にするあまり楽しく味わえなければ、わざわざお金を払ってまで食べに行くことはないですよね。だから、あまりガチガチにならないように、リラックスしましょう。ＳＮＳ隆盛の時代ですが、投稿用に何度も写真を撮ったり、席を立って撮影したりすることは避けたいですね。言うまでもないですが、食事中はスマホをいったん遠ざけて、食事に集中したいもの。出されたお寿司はすぐにいただくのが職人さんへの最低限の礼儀ではないかと思います。

私も、初めてのひとり寿司ランチのときはとても緊張しました。だってろくにネタの名前もわからなかったのですから！　でもおまかせコースなら、とても気楽なことがわかりました。
背筋をしゃん！　とさせて食事をすることは、小さな「自立マインド」を育てることになると思うのです。ひとりカフェと同じで、カウンターひとり寿司にも慣れてしまえば、大抵の場所にはひとりでも平気で行けます。

月1回の「ひとり寿司ランチ＠カウンター」は、心の筋トレ。
自分を鍛えるためにやってみましょう。

誕生日をひとり祝いしよう

「年を取ったら誕生日なんて嬉しくもない」と言う人もいますが、私はやっぱり嬉しいです。とはいえ、誰かから盛大にお祝いしてもらうのはちょっと気恥ずかしいので、自分から誕生日だとは言いませんけれどね！

50代前半は本当に時間に追われていて、ゆっくりと過ごす余裕がありませんでした。時間もないうえにお給料もさほど多くはなかったので、おこづかいもそんなにはありませんでした。この頃は、家族を喜ばせることに全力を注いでいた時期でもありましたから、自分のことはいつも後回し。「誰かが喜んでくれるのは嬉しいこと」だけど、「自分で自分を喜ばせる大切さ」にはまったく気づいていませんでした。

でも、50歳の誕生日が転機になったんです。

50代という人生の新しいステージの幕開けを、親しい友人と一緒に祝いたいと思い、ひそかにささやかな食事会を計画しました。でも、その友人の体調が芳しくなくて、なんとなく食事に誘いにくくなってしまいました。悩んだ末、計画はそのまま、でも誰も誘わずに、ひとりで誕生日祝いをすることにしたんです。

ひとりでなんとなくやりたいことをして、誕生日を過ごしてみたら……これが結構楽しかった！

それからというもの、誕生日をセルフプロデュースするようになりました。これまでの人生に感謝して、そしてこれからの1年を楽しむために、ひとりでお祝いするようにしています。

今までのひとり誕生日には、こんなことをしました。

＊マッサージと食事つきの日帰り温泉旅行
＊一流ホテルの格式高い中華ランチ＆エステ
＊最高の眺望を眺めながらおひとりさまイタリアンランチ
＊映画を見た後、ホテルのアフタヌーンティー

豪華に過ごしてみたり、いっそ何もしないという贅沢《ぜいたく》を味わってみたり……自分なりに誕生日を祝っていくうちに、「誰かに何かをしてほしい」という願望が薄れていくのがわかりました。そうしたら、「どうせ私の誕生日なんて、誰も覚えてないよね」なんて自虐的になることもなく、いつの間にか自分で自分をハグできる人になっていました。誰かと一緒でも楽しいし、自分ひとりでも楽しめる人になっていたのです。

このように自分で自分を喜ばせられるようになると、何事にも前向きになれます。たとえ悩み事ができても、「どうせ」「だって」などネガティブ思考にならず、「こうしてみよう」「どうしたらいいかな」と、ポジティブ思考ができるようになります。

誕生日などの特別な日に限らず、自分を喜ばせてあげようと意識して行うクセがついてくると、何気ない日常にワクワクが増えていきます。

自分で自分を抱きしめられたら、いつでもどこでもセルフケアできます。

寄り道できる店を持とう

独身時代、母は入院がちで、代わりに私が家事を一手に引き受けていた時期がありました。会社帰りにデパ地下に行き、夕ごはんの食材を買って帰ります。そして休む暇もなく台所に立ち、父と妹の食卓を準備するのです。「なんで自分ばっかりが……長女って損な役割だ」と、だんだんすねた気分になっていきました。

結婚後にも同じような気持ちになることはありました。仕事や介護を終えた帰り道、「あぁ、今日もいっぱい働いたぁ」「うわぁ、母の付き添いに疲れたぁ」と、どっと体が重たくなる瞬間がありました。こんな日は、とてもまっすぐ家に帰る気にはなれません。それでも、家にお腹をすかせている子ども（とは言っても当時10代）がいたので、大急ぎで帰宅していたのです。

ヘトヘトの自分をどこにも発散できないと、いつか不満は爆発します。どうにかして自分の気持ちをわかってもらいたくて、家族にイライラをぶつけてしまったことも一度や二度ではありません。でも、自分のことをわかってもらおうとする前に、自分の気持ちに余裕があることのほうが本当は大事なのですよね。

そこで、ちょこっと寄り道をすることにしたのです。その当時は、お酒を飲めませんでしたから、「まっすぐ帰りたくないなあ」と感じたときは、軽く食事をしてから帰るようにしました。ひとりで好きなものを食べることがほどよい息抜きになったのです。

スーパーウーマンのように見える人でも、ずっと走り続けることなんてできません。自分ひとりでがんばるのは限界があります。それでもがんばり続ける人は、家族との関係性にも支障が出るでしょうし、健康にも悪影響です。だから、がんばって、がんばった先に自分だけの時間を持つのではなくて、自分だけの時間を先取り貯金のように確保してからがんばることが大事です。

特に女性は、外で仕事をしていても、家事全般――育児、そうじ、料理、買い物、洗濯など――家の中でたくさんの仕事をこなしています（これらの仕事は女性が担うことがまだまだ多く、対価もありませんから、「奉仕」に近いのではないかと私は思うのです）。これだけのことをこなすのは並大抵ではありません。でも、そういう女性はたくさんいます。

私の知人は、ある日突然、夫に先立たれました。経済的な不安よりも精神的な不安のほうがはるかに大きくて、彼女は途方に暮れていました。喪《うしな》ってみて初めて「これまでどれほど夫に愛され支えられていたのか、夫がいてくれてありがたかったか」を感じたそうです。仕事もあり、同居する子どももいましたが、周りの人にその思いをぶちまけてみても孤独感や喪失感はなかなか埋まりませんでした。たとえ誰かに自分のことをわかってもらったとしても、現実は何も変わりません。自分の内側が変わらなければ、外側を変えることはできません。彼女のように、仕事にも家庭にも100パーセントの力を注いでいたにもかかわらず、ある日突然、それが土台からなくなることだってあるのです。やれるだけやってきたのに、尽くしてきたのに、最終的にはひとりぼっちということも、長い人生の中では想定できます。

そうなってしまったとき、喪失感や孤独感に襲われても、あなたは大丈夫でしょうか。

結局彼女は、気持ちをリセットさせるため、意識して「ひとりの時間と場所」を作るようになりました。そして今では、私と同じようにひとり時間を愛する、ひとり旅の常連でもあります。

仕事と家庭以外の自分の居場所が、自分を助けてくれることもあります。少しずつ、そういう自分の拠り所を作っていきましょう。思い立ったその日から、ぜひ、始めてみてください。

たとえば、バーや居酒屋などのハッピーアワーの時間帯はおすすめです。平日16〜19時くらいまでの時間帯、アルコール類を格安で提供してくれます。客も少なくて店内も落ち着いていますから、20〜30分ほど1杯のお酒を楽しんでみてはどうでしょうか。お酒を飲まない人なら、ちょこっと何かをつまむだけでもいいと思います。

私がよくやるのは、蕎麦《そば》屋で寄り道！ 生中1杯に蕎麦。「今日もよくがんばったな〜」「蕎麦屋があってよかったな〜」「仕事帰りの生ビール、最高だな〜」なんて幸せを噛みしめていると、不思議と「孤独」や「不安」を感じることはありません。

自分で自分を励ましたり、楽しませたりする術《すべ》を知っておくと、幸せのハードルは下がっていきます。そして誰かに期待せずとも自分で自分を幸せにできるようになります。

仕事帰りに1杯、30分でOK。
ちょっとくらい寄り道したほうが元気になれます。

誘いを断り、あえて「ひとり」を選んでみよう

「黙食」などという言葉が生まれたコロナ禍。グループや大人数での飲食が規制されたのを機に、「ひとりで食べる楽しさ」に目覚めた人もいるのではないでしょうか。

ひとり行動か、集団行動か。女性は場の雰囲気に左右されることも多いでしょう。女同士が集まると、なんとなく「何かを一緒にする」ということになりがちですが、あえて「ひとり」を選んでもいいんじゃないかと思ったりします。

たとえば、職場で誘い合って行くランチが苦痛に感じることはありませんか。以前、私が勤めていた会社ではみんなで一緒に食べていました。いわゆる集団ランチです。人数が少ない職場だからこそ、別々に食べるのはなんだか水くさいという雰囲気があり、ひとりランチをするのはそういう場の空気を乱すもの……という無言の圧力がありました。
　でも、もともと、私はひとりが大好きなので、ずっと誰かと調子を合わせていると疲れてしまいます。集団ランチがなんとなく苦手なのは次のような理由もありました。

＊プライベートなことまで赤裸々に聞かれたり、聞いたりしてしまう。
＊ひとりでスマホを見たりして、いろんな情報収集をしたいのにできない。
＊しょうもない愚痴を聞かされるのが嫌。
＊和やかな雰囲気を作ろうと話題作りに疲れてしまう。
＊業務の話になると息抜きにならない。
　まだまだありましたが、あなたの場合はいかがでしょうか。

　ある日のこと。「自分が苦痛に感じているなら他にも同じように感じている人がいるはずだ！」と思い、「仕事のキリをつけたいから先に食べてて」と言ってみました。私だけひとりで食べるようになったら、同じような理由で、ひとりランチをする人がポツリポツリと現れて……いつしかバラバラに食べるようになっていきました。

とはいえ、それは人数が限られた職場だからこそできたのかもしれません。日本には、そもそも周囲に合わせたり、同調圧力に抗《あらが》いにくい雰囲気があちこちにあります。「みんなと一緒が何より安心」という感覚でしょうか。同時にそれは、自分の意見を持たない（意思表示しない）、長いものに巻かれて周りに流されやすいことを意味しています。だから、自己主張しようとすると生きづらさを感じてしまうのです。

でも、集団ランチの習慣を断ち切ったように、周りに合わせるだけでなく自分の気持ちを優先させることも大事です。

会社の人間関係を潤滑にするにはコミュニケーションは重要です。でも、ランチタイムは忙しい自分にとって貴重な1時間。その時間をどうでもいいような会話で使ってしまうのはもったいないですね。だからこそ、「誰と食べるか」よりも、「どう食べるか」が大事だと思います。ひとりランチの時間に何をしたいか書き出してみたら、誘いをキッパリ断る勇気も持てそうです。

たとえば、私が会社員時代にしていたひとりランチの過ごし方はこんな感じでした。

＊お気に入りの店で、その日のランチメニューをひたすら味わう。
＊サクッと食べてネットで情報検索をする。
＊食べながら読書や勉強をして、自己啓発に充《あ》てる。
＊食べ終えたら、自分の席でちょっと仮眠して脳を休ませる。
＊散歩がてら近くのスーパーまで行きお弁当を買って食べる。

こうしてひとり気ままに過ごすことで、ランチタイムこそが楽しみになりました。もちろん誰かと一緒も楽しいです。だからこそ、ひとりはもっと楽しめるものなのです。

ぜひ、あなたが望むひとりランチの過ごし方をノートにリストアップして、できるものから実践してみましょう。きっと時間の使い方や質が変わってくると思いますよ。

人付き合いにおける「当たり前」を見直してみたら、自分の時間の棚卸しができます。たった1時間、されど1時間。大事にしたいですね。

自分のためだけにケーキを1切れ買おう

ママ友とお茶していたときのこと。

「冷蔵庫の隅に自分のおやつを隠しているの」

「子どもを寝かせた後に、自分だけのおやつを食べるのが楽しみ」

と聞いたときの衝撃ったらありませんでした。

「え？　おいしいものを独り占め？　まずは子どもに食べさせないの？　隠れて食べるなんて私にはありえない……」と、動揺したことを覚えています。


何をするにも「家族のために」がしみついていた生真面目な主婦でしたから、食べたいときには家族の分も買うのが当たり前だったのです。ですからケーキを買うときには最低でも家族5人分。食べ盛りの子どもたちはひとりで2個食べることもあるだろうから、その倍は買うことに。ケーキ屋さんで支払う金額にびっくりすることもありました。

コスパを考えて、子どもが食べ盛りの頃はケーキはもっぱら手作りでした。

それが子どもが大きくなり、人数も減って小さな家族になってからはケーキ作りも卒業。

今は成人した息子とふたり暮らしになり、ケーキの買い方も変わりました。

店で初めて「ケーキ1個買い」をしたときのことはよく覚えています。

最初は、1切れだけ買うことに迷いがありました。

「お店の人に迷惑なんじゃないかな」

「ひとりで寂しく食べる人と思われたくないな」

「『1切れください』なんて、恥ずかしい……勇気が出ない」

ギリギリまで迷って、「もし店の人が怪訝《けげん》な顔をしたら、すかさずシュークリームをつけよう。あぁ、そしたら不経済……」なんて頭の中で何度もシミュレーションするほどドキドキしました。

でも、そんなことは杞憂《きゆう》も杞憂。

「１切れだけでも、いいですか」と尋ねてみたら、店員さんは「もちろんです」と、にこやかに返してくれました。

「あ、いいんだ。１個でも」

私は胸を撫で下ろしました。

ケーキ１切れだけを収めた小箱を受け取ったとき、いろんなものがざわっと通り抜けた気がしました。ちょっとした感慨とでも言うのでしょうか。

「ああ私、ようやく、ケーキを１つだけ買うことができるようになったんだ」と。

子育てが終わったこと。

別居を経て、子どもとふたり暮らしになったこと。

たくさんのケーキ、ずっしりした重さを大事に抱えたあの帰り道。

そして、ケーキを買うのにも家族に気を遣っていた昔の自分。

「何を大げさな」と思う人もいるかもしれません。

でも、長い間、生真面目な主婦に徹していた私にとっては、ケーキ1切れが、とてもとても、遠かったんですね。

自分のためだけに買うことができた1切れのケーキには、今の私のすべてがつまっているような気がします。

ケーキだけでなく、おまんじゅう1個だって、ためらうことなく買えるようになりました。「ケーキ1切れ」「おまんじゅう1個」。おひとりさまの買い物ができるようになればなるほど、自分が軽やかになっていくような気がするのです。

「自分がひとりだと他人に知られたくない」と言う人もいますが、ひとりでいることはそんなに恥ずかしいことじゃないですよね。年齢を重ねれば、「ひとり暮らし」であることを周囲に知っておいてもらったほうが、何かと気にかけてもらえていいこともあるかもしれません。特にこれからは高齢化社会が今以上に進みます。ひとりならなおさら、地域とつながることが大事になってくると思います。ご近所のなじみの店には「ひとりであること」を知ってもらっていたほうが、困ったときにも助けてもらいやすいと思うのです。

ひとりであることに遠慮は無用なんです。

おひとりさまが当たり前の時代。
ほしいものは1個からでも堂々と買いましょう。

わがままなひとり旅をしよう

ひとりでいるのが好きな私ですが、「旅」だけは別物だと考えていました。旅はひとりでするものではなく、誰かとするものだと決めつけていて、50代に入るまでひとり旅をしたことがありませんでした。

観光にはあんまり興味がなくて、観光名所や美術館などを見て歩くという「おもしろさ」がどうもわからないのです（誰かと一緒だと「ここで待ってるからゆっくり見てきて」とも言えないですし）。旅は「誰かと一緒に何かをすること」だと思っていたので、結婚するまではスキー旅行やキャンプなどのグループ旅行しかしてこなかったのです。振り返ってみると、見ることよりも体験することのほうが好きだったのかもしれません。

家庭を持ってからは自分のことより家族優先でしたから、旅はもっぱら、家族のためのおもてなし旅行だったと思います。

私の旅のイメージが１８０度変わったのは、50歳を過ぎてからのこと。たまたま会社の先輩が教えてくれた温泉宿の日帰りプランに、友人と一緒に行ったときのことでした。入浴・ランチ・アロマオイルマッサージつきのスペシャルな時間を満喫できたおかげで、「明日からまたがんばろう！」と感動さえした旅になりました。ランチこそ友人と向き合って食べましたが、温泉もマッサージも別行動。友人と一緒に行動している時間はそこまで長くなかったのです。

そしてふと、「あれ？　こんな温泉旅行なら、ひとりでも来られるんじゃないの？」と思ったのが「ひとり旅」に目覚めるきっかけになったのでした。

その後、本格的な初めてのひとり旅には、やはり温泉宿を選びました。以前に日帰りプランで利用したことのある京都の奥座敷、亀岡にある湯の花温泉「すみや亀峰菴」です。当時としては珍しい「おひとりさまプラン」があったのも決め手の１つでした。

大型ホテルの多くは、大広間でグループごとの決められた時間に一斉に食事をとるビュッフェ形式が主流で、おひとりさまにとっては、周りの視線がとても気になりました。でもこの宿は、ダイニングスペースがうまく仕切られており、宿泊客同士の視線がぶつからないように工夫されていました。新鮮な京野菜と贅を尽くした魚料理を、自分だけの空間で、自分のペースで味わえるのは、贅沢の極み。「私だけをこんなにもてなしてくれて、ありがたい」とウルウル涙が出るくらいの感激でした。

誰かと一緒だと、話すことに夢中になることもあるでしょう。そうすると、おしゃべり以外に意識を向けにくくなります。でもおひとりさまだと、ちょっとしたことがとても印象に残りやすくなります。おもてなしも、おいしい食事も、200パーセント体感できます。「私、大事にされている」と、より強く感じられると思うのです。

日常生活では、なかなかそんな気分にはなれません。

温泉ひとり旅は、明日を生きる力を与えてくれるもの——初めてのひとり旅が私に教えてくれました。

「ひとりじゃ、退屈しないの?」と聞かれることもあります。ところが、結構やることがあるものなんです! チェックインしてから寝るまでの流れを時系列にまとめたので、ちょっと見てみてください。

☑チェックイン15時
お部屋でお茶とお菓子でまったり30分ほどくつろぐ。
温泉にのんびり1時間ほどかけて入る。
湯冷ましにホテル内を散策。
部屋に戻って缶ビールで喉を潤す。

☑17時半
夕食会場に向かい、ごちそうを2時間かけていただく。

☑21時（すっかり日も暮れています）
部屋で普段見ないテレビ番組をぼーっと見る。
布団の上でゴロゴロしたり、「何もしない」時間を過ごす。

☑22時（胃袋も落ち着いてきた頃）
軽めに温泉に浸かり、露天風呂から星空を眺める。
読書をする。

自然に眠くなるのを待つ。

☑24時就寝。

……ね、意外に忙しいのです！

たぶん、私はわがままなんでしょう。ひとり旅にハマってわかりましたが、私は自分の思い通りになんでもしたいタイプなんですね。誰かと一緒より、何をするかを大切にしたいタイプでもあると思います。ですから、温泉ひとり旅が自分にはとても合っているのだと思います。お気に入りの温泉宿には何度もリピートして、毎回ひとりの時間を楽しんでいます。

24時間至れり尽くせりでひとり旅を堪能するのに、温泉宿は恰好《かっこう》の舞台装置です。

＊第4章＊

お金と向き合おう

夫がいてもいなくても経済的に自立しよう

時給850円でパートをしていた40代の頃、歳の離れた職場の先輩から、「自分の稼ぎを使わずに貯金して、将来に備えなさい」とアドバイスをいただきました。彼女はすでにそれを何年も実践されていて、かなり余裕のある豊かな60代を過ごされていました。

「あんなふうになりたい」という願望はあったものの、当時の私はただただうらやましく思うだけで、自分にはできないと思っていました。

その頃の我が家は火の車……教育費が家計を圧迫していましたし、お金はあるだけ全部使ってしまうという私の性分にも原因がありました。

ほどなくして、嫌でも私はお金の現実と向き合うことになります。夫婦関係が悪化して別居を考えるようになったからです。「いつか自立したい」というぼんやりとした願望が、夫と距離を置くには「自立が必須」という現実味を帯びてきました。

その後パートを経て、幸いにも正社員として再就職することができました。

パートの先輩の言葉を信じて、まずはお給料から先取り貯金をしました。少しずつ預金残高が増えていくのを見て、「自分でもやればできる！」と小さな自信がついていきました。


夫に経済的に頼りきっていたときの自分は、お金の責任はすべて夫任せでした。家電を買うときも、家族旅行に行くときも、大きなお金を動かすのは大黒柱である夫だから、経済力がない自分には関係ないと思っていたのです。

でも、別居して自分の足で立っていかなければならなくなったとき、それはちょっとずるい考え方だったのではないかと気づきました。当時の私は、お金に関して真剣に考えることを放棄していたのですね。同時に、自分の人生に関しても、他人任せだったと思うんです。

貯蓄額が増えるのと反比例するように、「稼ぎが少ないから」「養ってもらっているから」と自分を卑下《ひげ》したり遠慮しがちになることが減っていきました。

「まだまだ私なんて……」と思うときもたくさんありましたが、上を見ればキリがないのと同じように、下を見てもキリがありません。比較するときは他人とではなく、昨日の自分と今日の自分を比較するようにしました。そして、少しでも「できた」ことがあれば、「よくやった！　すごい！」と自分をほめます。するとだんだん「私にもできるかも」と、自信が確信になっていきます。いい具合に自分を信頼できるようになってくると、不思議と自分のことは自分で決められるようになっていきます。

貯蓄額に比例して、「私にもできる」という自信も強くなりました。

そしていつのまにか、欲しいものを「買ってもらう」人生から、欲しかったら「自分で買う」人生へと、シフトチェンジできていたのです。

お金さえあれば幸せになれるわけではありません。
でも、お金があれば人生の自由度が増し、選択肢も確実に広がります。

稼ぐパイプを増やそう

２００９年からねんきん定期便が届くようになり、それまであまり興味がなかった年金受取額をリアルに実感できるようになりました。通知書を眺めながら、「このままいくと将来は年間１２０万円程度の支給があるから悪くはないな」と思っていました。新卒大学生の初任給が20万円程度なので、実際それくらい稼げば暮らしていけると思ったからです。月額の受取額が約10万円ですから、不足分の10万円くらいなら、仕事を選ばなければなんとかなるかなとぼんやり思っていました。

でも状況はじわじわと変わっています。将来の受給見込み額は年々減ってきており、ついに年間の受取額は１００万円を切ってしまいました。

40代では、まだまだ先に思えた老後が、50代に入るとグッと現実味を帯びてきます。

20代で第一子を出産する女性が多かった私の世代は、ちょうど子どもの教育費にも目途が立ってくる頃なので、なんとなくですが自分のこれからを考えるようにもなります。ねんきん定期便に記された数字を眺めつつ、老後資金の準備の必要性を感じました。また、いったいいくらあれば、老後を安心して生活できるのかを考えるようになりました。ちょうど40代後半で、50代が見えかかってきた頃のことです。

とはいえ、当時の私は家計に関してはズボラでしたから、やりくりしてお金を残すということが、本当に下手でした。「金は天下の回りもの」なんて楽観的に考えて、ダメな自分をごまかして、あるだけ全部使っていました。「あまったら貯蓄しよう」という考えでは、お金は貯まらないですよね（そういうタイプの貯められない人には、無理なく長期的に貯めやすい「先取り貯金」がおすすめです）。

その頃、職場の貯蓄上手な同僚が、貯め方のアドバイスをしてくれました。とにかく貯められない自分を変えたかったので、彼女がすすめてくれた「5年ごと利差配当金付個人年金保険」に49歳で加入し60歳まで積み立てることにしたのです。積み立て金額は、少しだけ無理した設定に。クレジットカード払いができて、ポイントも貯められ、年末調整の生命保険料控除にもなり節税対策もできました。解約したら元本割れしてしまうので、手続きが煩わしかったこともありますが、ズボラな私は、積み立てをずっとほったらかしにしました。

結果、60歳から70歳までの10年間、一定額を年金として受給できるようになったのです。この保険に加入した当時は、収入は勤務先の給料だけでした。でも、60歳からは、個人年金というもう1つの収入源を得ることができます。

収入のパイプが1つ増やせたことで、少し気持ちに余裕ができました。たとえわずかな金額でも「ある」のと「ない」のとでは、精神的なゆとりが違います。給料さえあれば安泰という時代は終わって、細くてもいいのでいくつもの収入のパイプを持つことが、これからの時代は重要ではないかと思います。

今年私は還暦を迎えます。49歳で始めたこの積み立ては満期を迎えました。あれから10年も経ったのかと思うと、信じられません。始めたときは、「あと10年か、長いな。嫌だな」と思っていたけれど、振り返ればあっというまでした。この積み立てを通して、「お金」とは長期的に向き合うものだということも学びました。

実は、59歳のときに投資用の戸建てを購入したのですが、その資金の一部はこの保険商品から契約者貸し付けで調達しました。積み立てたお金のおかげで、大家さんという「貸家業」を始めることができ、収入のパイプがまた1つ増えたのです。

母がよく口にしていた「金のないのは首のないのと同じ」という言葉。「お金さえあればできることも、お金がないからできないというのは、死んだように生きているみたいなものだ」という意味なのですが、子どもながらにこの言葉がずっと、私はなんだか怖かったんです。今なら「何かを始めるにはお金を持っていないと始まらない」という母の教え、とてもよくわかります。

収入のパイプを増やす方法はいろいろあります。焦らず、自分に合った方法を探しましょう。少額だからと侮らず、長く、コツコツ続けましょう。

副業の前にポイ活をしよう

私が一念発起して起業したのが２０１９年。55歳のときです。翌年にはコロナショックが起きて、私たちの暮らし方、働き方も大きく変わってしまいました。

何が変わったのかと言うと、「対面で人と会う機会がなくなったこと」「現金を持たずキャッシュレス決済をするようになったこと」「生活に必要なもののほとんどをネットで調達するようになったこと」などでしょうか。

個人的な変化としては、主宰していた講座が、自宅からのオンラインが主流になったことです。おかげで、日本のみならず海外にまでクライアントが広がりました。私の暮らしはいい意味でとても変化しました。

コロナ禍を受け、政府が掲げた「働き方改革実行計画」を踏まえて副業が推進されました。「自分も何かしなくちゃ」と、私のところに相談に来る女性も増えてきているのですが、そういう方々がよく口にするのが「私は何もできないのでどうすれば……」という悩みなんです。でも40年、50年も生きていれば、「自分には何もない、何もできない」なんていうことは絶対にないと断言します。案外自分のことはわからないもの。気づけていないだけで、誰の人生にもマネタイズの種が眠っているのです。

副業や起業を考える前に、今の暮らしにもう少し目を向けてみませんか。というのも、簡単とまではいかなくても、手軽にお金を生む方法がないかを探ってみてほしいのです。「お金」と言えば「使う」「残す」「貯める」を思い浮かべる人が多いと思いますが、それだけだと、入ってくる以上のお金にはなりません。要は、お金が増えないということです。節約して使って、いかに残す（貯める）かだけになってしまいます。もちろん、それはそれで素晴らしいのですが、一歩前進して「お金を使って豊かになる」ということも、暮らしに取り入れてほしいのです。

その1つが「ポイ活」です。ポイントは今や経済活動の1つ。賢く貯めれば、ほしい物と交換したり、現金化できます。マイナス金利時代、銀行に預けていてもお金は増えません。「投資するのはハードルが高すぎて怖い」という人でも簡単にお金を作ることができるのがポイ活です。今は貯めたポイントで株式投資までできる時代になりました。

私にとってポイントは「P」マークがついた立派な「お金」です。

私が貯めている楽天ポイントやTポイントは提携しているお店で使うことができます。楽天ポイントが大丸松坂屋百貨店で使えると知ったときには本当にびっくりしました。また、ネットショッピングをするとき、ポイントサイトを経由するだけでポイントが貯まります。貯まったポイントは現金に換えることもできるのです。

特に私が熱心に貯めているのが、提携しているホテルの宿泊や航空会社のマイルに交換できるポイントです。どうしてもひとり旅はコストがかかるのですが、いつのまにか貯まっていたポイントなら躊躇なく使えます。

1年くらいの間に貯まったポイントで沖縄旅行に出かけたこともあります。あとから、同じツアーの代金を見てびっくり！　とても支払える額ではありませんでした。

今では、ポイ活で貯めたポイントでの豪華旅が、ちょっとした趣味のようになっています。浪費ではなく、生活に必要な買い物をしているだけで貯まったポイントで行く旅なので、家族に遠慮することなく「ポイントで旅してきまぁす！」と堂々と言えるんです。たまには友人や家族を誘って無料宿泊を楽しむこともできます。

私と同世代の人たちの間では、ポイ活はまだまだ認知されていないと感じます。「ポイントを貯める」と思うと面倒ですが、一度貯まる仕組みを普段の生活に取り入れてしまえば、放っておいても、見えないお財布に『チャリンチャリン』と小銭が貯まっていくのですね。「お金を稼ぐ」というよりも「お金を招く」という感じでしょうか。そう、たとえて言うなら「招き猫」みたいな感じです！

ポイ活で、もう1つのお財布を作りましょう。
収入のパイプが1つ増えます。笑顔も増えます。

まずはなんでも始めてみよう

前項で、ポイ活のことに触れました。何か新しいことを始めるのは、結構エネルギーがいるのも事実です。ポイントを貯めるためには、アプリをダウンロードしたり、どんなふうに貯めれば効率がいいのか調べたり、いろいろ頭を使うこともあるからです。

お金を増やす手段としての株式投資も同じですね。

まずは証券会社に口座を開設しなければいけませんが、その前に、数ある証券会社から、自分に合った証券会社を選ばなくてはいけません。いざ始めようと思っても「どの証券会社がいいのかわからない」と頭を悩ませる投資初心者は多いと思います。

私も最初はそんな感じでした。実は、私が現在取り引きしている証券会社は2社目です。いろいろ調べて、取引コストが安く、ネット証券×ネット銀行で使い勝手がとてもいい今の会社に、後から乗り換えました。

どんなことにも当てはまりますが、初めは「知識ゼロ」からのスタートです。だからこそ、ワクワクと同じくらい面倒くささも感じてしまうのですね。

儲かるかどうかわからないことに、時には頭から湯気が出るほど悩んだり迷ったりすることもあります。意味のわからない用語が出てくれば、その度にネットでググってみたりもします。「ここは日本なのに、金融業界はどうしてこんなにカタカナ用語が多いの⁉」と愚痴を吐きたくなることもあります。でも、諦めずに学びを続けていけば、確実に知識は増え、自分の成長につながっていきます。

ちょっと話はそれますが、最近は何でもオンラインで完結することが増えました。言い換えれば、PCスキルの低い中高年にとっては、PCスキルを求められることはすべて、とてもハードルが高く感じられるのですね。ここで「パソコンは苦手」「私には無理」と諦めたら、オンラインの便利さの恩恵をみすみす手放すことになります。最初は悪戦苦闘しながらでも続ければ、その分PCスキルは上がっていきます。

こうして何か新しいことを始めるだけで、そして、できるだけ継続することで、あなたの中に「スキル資産」が積み上がっていくのです。

ポイ活も株式投資も、そしてPCスキルも、継続すれば良い結果につながります。始めることで目の前の世界が広がるのです。

私自身の話ですが、資産を増やすことに興味を持った頃、自分で調べてとあるセミナーを受講しました。1回の受講料は3000円。講師はかなりの資産家でしたが、「地道にポイ活をしている」という話を聞いて驚いたのを覚えています。すっかり感化され、「私も真似して、ポイ活しよう！」となったのでした。おかげで、毎月細々とですがポイントを現金化していますし、ポイ活で貯めたお金を「つみたてNISA」の資金に充てています。

わずか3000円の受講料は自己投資でしたが、その後のお金の使い方を改めるきっかけになりました。自分が少しだけ投資にくわしくなってくると、誰かと情報をシェアしたくなるものです。ブログで少し書いただけでも、同じように興味を持ってくれた読者からコメントをいただいたり、情報交換ができるようになります。

すると、そのこと自体が楽しくなり、さらにネットで検索したり、本を読んだり、ニュースを視聴したり、また別のセミナーを受けてみたりなど、もっと勉強しよう、情報収集しようと、学ぶことにハマっていきます。行動の幅も広がりますから、自然と知見も出会いも広がります。

これはやはり、始めた人にだけ与えられたチャンスなんです。

私の好きな言葉に、「したい人、10000人。始める人、100人。続ける人、1人」（『中谷彰宏名言集』（ダイヤモンド社発行）より）があります。まず始めてみるだけでも、すごいことなんです。


始められない理由をあれこれ思い浮かべるのではなく、どうしたら始められるかを考えましょう。一歩踏み出した人だけが、広い世界を見られます。

投資を始めてみよう

25歳で結婚して家庭に入りました。もうお給料がもらえないと思ったらなんだか懐が寂しくなって、持参金で株式投資を始めました。

ところが……投資直後、１９９０年1月4日の大発会で大暴落。その後株価は下がり続け、４月には日経平均株価は28パーセントも暴落したのです。私の虎の子も大きな含み損を抱えました。これが私の投資デビューです。

こうして痛い思いをした株式投資は、その後何度やってもうまくはいきませんでした。理由は簡単。使う予定のあるお金を資金にしていたからです。ですから、ちょっと上がるとすぐに売り、下がると怖くなって損切り、お金が必要になったら売却……そんなことを繰り返しているうちに、自分には向いていないと、きっぱり足を洗いました。

ただ、1つわかっているのは「持ち続けていれば大きく利益を出せた」ということ。だから「あのとき、売っていなければ……」という後悔をずっと持ち続けていました。

時は流れ、今は超低金利の時代。

子どもの教育費のかかる時期が過ぎると、学費分の経済的余裕が生まれます。でも、そのお金を貯蓄しても今の金利ではほとんど増えません。それどころか、もし10パーセントのインフレが進むと、100万円の価値は90万円に目減りしてしまいます。「銀行に資産を預けているだけでは、安全どころかリスクしかないのでは」と不安に思うようになりました。

たくさん稼げばいいかもしれませんが、自分の稼ぎだけでは、限界もあります。

そこで、痛い思いをした株式投資を、ここで改めて始めてみようと思ったのです。

私は、フリーランスなので病気になったときの保障がありません。ですので1年間は無収入でも困らないくらいの預金を残して、あとは投資することにしました。「私も働くけれど、お金にも働いてもらう」、それが私の経済活動の基盤になりました。

支出を減らして貯めたお金を、今度は増やすために使います。使う予定のないお金に対し、「増えるまで待つスタンス」を貫くことにしたのです。

とはいえ投資には「リスク」がつきものです。最初は個別株ではなく、優良な企業の株をちょっとずつ集めてパッケージされた投資信託がおすすめです。特に、金融庁がすすめている「つみたてＮＩＳＡ」は、ビギナー向きです。
＊最長20年間、２０４２年まで積み立て可能。
＊投資から得られる分配金や譲渡税が非課税。
＊新規投資額で毎年40万円が上限。
＊お金が必要になったら途中で売却も可能。
などのメリットがあります（２０２３年１月現在の制度）。

金融庁のホームページでは「つみたてＮＩＳＡ」のシミュレーションができます。積み立てに回せるお金があれば、少額でもいいので試算してみてください。10年後、15年後、20年後にどれだけ増える可能性があるかがわかったら、きっと「やってみよう！」という気持ちになれますよ。

私の場合は、こんな試算が出ました。

毎月3万3000円を、想定利回り5パーセントで、20年間積み立てるとします。すると、元本は792万円、想定される資産総額（最終積み立て金額）は1356万4000円になります。なんと運用収益が564万4000円になるのです。これはあくまでも想定ですが、悪くはない金額ではないでしょうか。

年金などを運用している機関投資家と呼ばれる人たちは、株式について、だいたい金利プラス5パーセントくらいの計画を立てて毎年運用しているそうです。株式のリスクプレミアムをこれくらいで考えておくのは、特別なことではなく世間並みだと言えます。

では実際に、どんな銘柄を購入すればいいのでしょうか。私もそれは、悩むところでしたが、投資の勉強のために購入した山崎元氏の著書『難しいことはわかりませんが、お金の増やし方を教えてください！』（文響社）も参考にしました。本当に難しいことはわからないので、迷ったときは信頼できる成功者の言うことを素直に聞くようにしています。

投資を始めるにあたり気をつけていることは、次の2つです。
☑万が一、3分の2まで資金が減っても後悔しない金額で投資すること。
☑使う予定のない資金を投入すること。

私は、お金と運気は密接な関係があると思います。いつもごきげんな表情の人は運がよさそうに思いませんか。「お金が減ったらどうしよう」「やばい、なくなるんじゃないかな」と心配ばかりしていると、まず運が味方をしてくれません。運気が落ちたら必然的に「お金」も離れていきます。
投資は、常に平常心でいられるような金額から始めることをおすすめします。

投資でお金を育てていきましょう。
コツコツ積み立て続けて、お金を使いながら増やせる老後になれたら理想です。

ワクワクすることをお金にしよう

私は毎日、ブログを更新しています。

コンテンツをコツコツ積み上げ、書き続けて、1つのメディアに育てていくのは、非常に根気のいる作業です。これは好きだから続くのであって、苦行になってしまえば続きません。好きなこと、楽しいことというのは、誰かに言われなくても率先してやってしまうもの。だからこそ、「好き」が「得意」に変わっていくのです。

ここに実は、収入のパイプを増やすヒントが隠されています。

「これが好き!」「楽しい!」という、ほとばしるような気持ちは、何かアクションを起こすときの源になります。私の場合は、ブログがきっかけでビジネスを始めることになりました。もともと物事を見る洞察力は鋭くて、知りたがりでお節介な性格。加えて、人前で話すことも得意でした。ブログは、日常のさまざまな気づきを、文章を通して画面の向こう側にいるたくさんの人たちにスピーキングすること。ですから、私の気質とうまくマッチしたのですね。

こうして、夢中になったことがたまたま自分の潜在能力を引き出すきっかけになったのですが、この経験で1つ学んだのは、「自分を知ることの大切さ」です。

自分のことをよく知らずに闇雲に好きなことを探そうとしても、しっくりこなくて空回りするだけです。

でも、次のような心の変化に敏感になれば、気づくことができます。

☑心がワクワクすること。
☑時間が経つのも忘れて夢中になれること。
☑毎日やり続けられること。

どうでしょうか。何か1つか2つ、思いつくものはありますか。

こういうことがコツコツ続けられる「特別な何か」になります。そしていずれは、新しい収入に結びつくきっかけになるのです。

私は昔、「お金を得るためだけ」に、とりあえず目の前の仕事に飛びついて会社員をしていた時期があります。でも、私には全然向いていませんでした。お金は確かに稼げたけれど、自分の能力も活かせなかったし、ワクワクすることもありませんでした。仕事をする意味は人それぞれですから、それが必ずしもいけないわけではありません。誰もが仕事で心躍るわけではないですし、つまらなくても釈然としなくても、割り切って向き合うことも仕事でしょうし、それがプロというものでしょう。
とはいえ、目的がお金のためだけだったそのときの私は、なんとなく心も荒んでいましたし、いつも不完全燃焼でした。

50代からの人生は、折り返し地点を通過しています。あなたには、今までにたくさん積み上げてきたものが既にあるのですから、丁寧に過去を棚卸しすれば、魂の底からワクワクするようなことが必ずいくつか見つかるはずです。そこが、これから時間を積み上げていく若い人との決定的な違いでもあり、歳を重ねた人だけの特権ですね。

あなたの「好き」はなんですか。

ぜひそれで、「お金を稼げる人」になる方法を考えてみてください。

ワクワクする気持ちは、自分の中に眠るマネタイズの種のヒント。時には全身を研ぎ澄ませて、自分の心を感じてみましょう。

「なぜ？」「どうして？」と考える癖をつけよう

前項でも少し触れましたが、マネタイズの種は私たちの普段の生活の中にたくさん眠っていることに、お気づきでしょうか。

私は「LIFE SHIFT-BLOG LESSON」というブログ講座を開催しています。２０１４年にＡｍｅｂａブログを始めましたが、そのときはブログをマネタイズしようとも思いませんでしたし、ブログがお金を生み出すこともまったく知りませんでした。

自分が起業するにあたり「何ができるだろう？」とあれこれ考えました。そして、「私はブログ発信で人生が変わったのだから、そのことを同世代に伝えていこう！」と、ブログ講座を開設するに至ったのです。最初から、「ブログ講座をしたら売れるかも」というような発想ではなかったのですね。

私にとってのマネタイズの種は、まさに、毎日ブログを休まずに書いたことでした。その種が発芽して、Ａｍｅｂａ公式トップブロガーになれたからこそ、起業できたのです。ですから、「暮らしの中で種を見つけること、種をまくこと」は、マネタイズのチャンスなのですね。

では、種はどこにあるのでしょうか。

前項で触れた「ワクワクすること」「好きなこと」「夢中になれること」も、もちろん可能性を秘めた種と言えます。それに加えてもう１つ、「常識（当たり前）を疑うこと」も忘れないでほしいのです。

「ビジネスはお困り事を解決することである」と、ある先輩経営者に教わりました。経済の基本はすべて物々交換です。価値を感じたもの・ことに人はお金を払います。たとえば、パンのおまけのシールは誰かにとってはただのゴミですが、他の誰かにとっては喉から手が出るほどほしいものかもしれません。

あるいは、あなたが普段の生活で、「もっとこうなれば便利だな」と思うことや、いつも周りから「ありがとう」と感謝をされることは、あなた以外にも同じように思っている人がいるという証《あかし》です。

「おまけのシールなんてゴミ」と思い込んでいたり、「こうなればもっと便利でみんなが欲しがる」という視点を見逃していたら、新しいビジネスは生まれないでしょう。だから「常識（当たり前）を疑うこと」が、マネタイズにつながるのです。

コロナ禍を経て、オンライン会議は主流になりましたが、ほんの数年前まではまだ珍しかったように思います。これから使う頻度が増えそうだったので、私は2019年にZoomの使い方講座を3回ほど受けました。おかげで、その後のコロナショックではスムーズにオンライン授業に移行できました。

世の中に浸透してしまえばマネタイズの効力は薄れますが、まだ誰も知らないことを先にマスターしておけば、知らない人に教えるビジネスチャンスも生まれるというわけです。

自分が当たり前にできることが、他人とってはとても難しいということは案外あるものです。自分の常識は他人の非常識ということです。だからどんな小さなことでも、

「これ○○したら売れるかも……」という発想を持つのは大事だと思います。さらに想像力を働かせアイデアが降りてくれれば、新しい世界を創り出すことも可能です。
それには、常識にとらわれず「なぜなんだろう?」と疑問を持ち、考える癖をつけることだと思います。常にアンテナを張って、思考し続けることができれば意欲的に行動できるようになります。そうすれば人生はさらに豊かになります。

周囲をよく見て、1日1個、誰かの困り事を探すのを日課にしましょう。
それを書き留めて、マネタイズの種を蓄えていきましょう。

成功者の話を聞こう

私は、ブログやコラムで「お金」について発信することが多いです。と言っても大金持ちではありませんし、年商数億円の起業家というわけでもありません。

そんな私がなぜお金について発信しているかというと、理由は簡単。お金のことが大好きだから！　好きなことについて書いていているだけで楽しい気分になります。

世の中、お金がすべてとは言いませんが、お金があれば、多くの幸せは叶えられますし、多くの不幸も避けられるとは思いませんか。

たとえば、私は本当に食いしん坊で料理好きですが、料理の腕前はプロ級ではありませんから、本当においしいものはお店まで食べに行きます。旅行も大好きです。読書も好きなので本もよく買います。このようにワクワクするようなことをしたり、興味を深めるためには、お金がある程度は必要です。
また、病気になったら治療費だって必要になるかもしれません。子どもが望む道を歩ませられるかどうかも、実際のところ、お金次第だと3人の子育てを通して実感しています。お金があれば人生の選択肢は確実に増えます。

なのに、人前でお金のことを話すのは「恥ずかしい」「品がない」というイメージがあるのはなぜでしょうか。それはやっぱり、親世代の価値観の刷り込みが影響していると思うのです。私が子どもの頃に見た時代劇には、必ずと言っていいほど、悪代官が商人と結託し、庶民からお金を搾取するシーンがありました。「お金持ち＝悪人」、そんなイメージもメディアを通して浸透しています。そういった背景が、お金の話をするのが敬遠される理由だと思います。

でも、お金そのものは、恥ずかしいものでも、品がないものでもないのです。それどころか、「お金持ちになりたい」という願望は誰もが一度は抱きます。みんなが大好きでとても気になるものなのに、時に嫌われものにもなってしまう……お金とはとても不思議な存在ですね。

私はお金が大好きだから、お金のことをもっと知りたいと思っています。そして、お金にも好かれたいと願っています。人間関係にも言えますが、相手を理解しなければいい関係性を築けませんよね。お金に興味を持たないとお金からも好かれないと思うのです。恋愛と同じで「自分の気持ちを知り、相手のことを知る」、このステップが大事ですね。


では、お金のことをもっと知るにはどうしたらいいのか。

おすすめの方法はその道の成功者から直接話を聞くことですが、難しい場合もあるでしょう。そんなときは、お金に関する本を読んでみませんか。わずか1500円ほどで、自分が考えもしなかったことや、ためになる情報が得られます。

「本を読む時間なんてない！」「忙しくてダメ！」という声が聞こえてきそうですが、そう思う人はここで再び「時間の棚卸し」をしてみてください。なんとなくだらだらテレビや動画を見る時間、暇つぶしにSNSを見る時間を合計してみたら、30分なんてあっという間です。その30分を読書に充ててみれば、1日で30分、1か月で15時間、

1年では182時間も本が読めるのですよ！

もっと知りたいと思う気持ちが出てきたら、自然と読書時間も増えるでしょうし、活字を読むのにも慣れていきます。知識が増えてきたら、実際にアクションを起こして、投資などを始めたくなるかもしれません。実践が伴えば、学びたい気持ちもさらに深まり、成長できます。


分野を問わず、『一流』や『トップレベル』に達するには、1万時間の努力が必要」だという「1万時間の法則」があります。その10分の1の「1000時間の法則」なら「セミプロ」「中上級者」になれるとも言われています。「石の上にも三年」とはよく言ったもので、1000時間なら、1日1時間弱で約3年あれば達成できます。

1500円の本を高いと思うか、安いと思うか。あなたはどちらでしょう。

だらだらスマホやテレビをやめて、読書でお金の知見を広げましょう。

時間泥棒に気をつけよう

あなたはどんなサブスク（サブスクリプション＝定額制サービス）を利用していますか。サブスクの１つ１つは決して高くありません。それが魅力なのですが、よく考えずに加入すると、いつのまにか出費がかさんでいたりして、実は怖いところもあるのです。

あるとき、当時入っていたサブスク４つの費用をすべて紙に書き出してみたのです。すると、月額１万２７９０円に！　なんと年間15万円以上を使っていたことになります。そのほとんどはうまく利用しきれていなかったり、継続できていないものばかり……。実際に数字に出してみるって大事ですね。その場ですべて解約しました。

それからというもの、サブスクを申し込むときは、「入会（購入）する前に続けられるかどうかをよく考える」「3か月くらい経ったら継続を再検討する」などをマイルールにしています。

サブスクが自分にとって、浪費になっていないか、ぜひチェックしてみてください。そしてもし無駄とわかったら、不要なものは、即、縁を切ってしまいましょう。その浮いた分のお金でぜひ投資を始めてください。

私がサブスクの費用対効果を見直したとき、最初に無駄が際立ったのがスポーツジムでした。初めは行く気満々でしたが、肝心の運動は習慣化できず、そのうち会費がもったいないからと会員用のお風呂に行くだけになっていました。もったいないとわかっているから「来月こそはちゃんと行こう」と心に誓うのですが、どうもうまくいきません。スポーツジムほど幽霊会員が多いサブスクはないのではないかと思うくらいです（だって、いつ行っても、そんなに利用者がいなかったから！）。

そもそもスポーツジムに通おうと思ったのは、体を動かしてリフレッシュしたかったから。でも、「スポーツジムじゃなくてもリフレッシュできそう……ひとり旅でもいいんじゃないの?」と気づいたのですね。そして、即解約。

スポーツジムの会費分で、旅行の積み立てを始めてみました。

それが本当に大正解! ひとり旅は何かと割高になりますが、そのための積み立てですから躊躇なく使うことができました。おまけに、旅は現地でしか味わえない非日常を体験できたり、新しい価値観に出会えたり、困ったこともひとりで解決したり、自分の成長につながることが盛りだくさん。これ以上の自己投資はありません。


私の場合のスポーツジムのように、利用頻度が少ないサブスクは引き際を決めておくといいでしょう。

逆に利用頻度が多いものはどうでしょうか。最近はNetFlixやAmazon Prime Videoの映画のサブスクも人気です(私も月額500円で利用しています)。

無料で映画の見放題は本当にありがたいサービスです。主に週末の楽しみにしていますが、つい晩ごはんのときに見始めてしまって、2本立て続けに見てしまったこともあります。本当にごくたまにだったらいいのですが、２時間の映画を２本見たら４時間。その間、他のことは何もできません。

サブスクで失うのはお金だけではありません。漫然と過ぎていく時間にも要注意です。あまりにも利用時間が長すぎると、他にやるべきことや、やりたいことに出会う機会を損失します。たとえ便利でお得でも、のめり込みすぎないようにするのも大事です。

あなたは1日に何時間、サブスクに費やす時間がありますか？

サブスクの料金だけでなく、サブスクのために使う時間にも要注意です。

財布を膨らませよう

起業してそれまでの年収の何倍かを稼げるようになりました。

収入が増えることで使えるお金も増えます。それまで安い給料で働いていましたから、いきなり収入が増えれば気持ちも大きくなり、どんどんお金を使ってしまうこともありますね。たくさん入ってくるけれどたくさん出ていく状態……そうなれば、「稼いでは使う」のラットレースにハマっていくことに。それでは本末転倒もいいところ。何のために起業したのかわかりません。

もともと私は、「あるだけ使う」という浪費体質でしたから、そこは気を引き締めました。そして、収入の1割は先取り貯金をして、残り9割は、税金・保険・経費・生活費などに充てることにしました。

会社員時代は、頭の中でざっくりとお金の管理をしていましたが、起業後はエクセルで表を作成し、財布の中身を徹底的に見える化。月末には必ず口座残高を入力しています（そこで毎月少しでも増えていればＯＫ！）。このように、まずは自分の財布を膨らませていくことにしました。

よく、必要なものを買ってから、残った分を貯金するという人がいます。そういう人は「だって必要なものがあるのに、どうやって1割ものお金を残せばいいの」と嘆くものです。欲求は天井知らずですから、自分で気をつけなければ、出費をセーブすることはできません。そうすると、いつまで経っても貯金はできないのです。

自分の欲求と必要経費は、分けて考える必要がありますね。

私も夫がいるときはどんぶり勘定でしたから、別居してから生活水準を下げるのには苦労しました。そのときに、お金の使い方について真剣に考えるようになったのです。そして、何を買うにも、「本当に必要なものか」をよく考えてからお金を出すようになりました。

お金の使い道には「消費」「浪費」「投資」という3つの考え方があります。たとえば、自分のためになると思って買った本を、残念ながら読まずに積んでおくだけならば「浪費」ですが、しっかり読んでアウトプットまですれば素晴らしい「投資」になります。

ほしいものがありすぎる人は、一度、紙にすべて書き出して眺めてみましょう。そして、その1つ1つを吟味します。浪費だったり、自分の収入の範囲内で買えないものなら、リストから潔く消しましょう。

そうして、まずは無駄な支出をなくして、収入の1割を使わないようにする習慣を作ってください。

先取り貯金した「1割のお金」が少し貯まってきたら、お金自身に働いてもらうようにして、増やしていきましょう。

私は起業して1年後、貯めたお金を使って個別株投資を始めました。目的は「資産を増やすこと」です。アインシュタインは複利を「人類最大の発明」と言っています。投資によって得られた利子を、さらに投資に回すことで、利子も含めた元金に利子がつき、雪だるま式に「お金が増えていく」という考え方です。若い頃の失敗を教訓に、売買利益や配当金を使わずに株を購入し続けました。

私にとって資産とは、自分の代わりに働いてくれる「お金」のこと。生涯現役で働き続け、収入を得られればいいのですが、そうはいかなくなるときが、いつかくるかもしれません。そのときに、もし資産が増えていたら心強いはずです。そのために長い時間をかけてお金を増やしていく必要があります。

お金を増やすことができるのも、生活に支障が出ない範囲で余剰金があればこそ。だから少しのお金でも蓄えに回していきましょう。

「必要なもの」と「欲しいもの」は分けましょう。
1割貯金のルールが、資産を築く最初の一歩です。

第５章
自分のワクワクを優先しよう

自分の名前を意識しよう

日曜日の夜と言えば、テレビでほのぼのとした家族の物語をなんとはなしに見るのがお決まりです。『ちびまる子ちゃん』から始まって『サザエさん』という流れ。『ちびまる子ちゃん』のテレビ放映はちょうど結婚した翌年、長男が生まれる1か月前に始まったので、私の子育て時代のスタートとぴったり重なります。それだけに、とても印象に残っています。

作者のさくらももこさんの実体験が元になっている漫画なので、時代背景も登場人物もリアリティがあり、とてもいきいきしているのが魅力でした。自分の子ども時代を垣間見るような懐かしさもあり、平凡だけど温かな家族の物語に、これから築いていくであろう家庭の理想像を重ね合わせて見ていました。

『ちびまる子ちゃん』は脇役が皆、とても味わい深いのですが、私が50代も終わりに差しかかって気になってしまったのは、まる子ちゃんのお母さんです。なかなか言うことを聞かないまる子に対して、ドカンと雷を落とすことも多く、いつも家族の世話を焼いているお母さん。同居する義理の両親（まる子ちゃんのおじいちゃんやおばあちゃん）に対しても優しいお嫁さんです。家族みんなに対して、愛情あふれる、いいお母さんです。

そんなまる子ちゃんのお母さんを見て、ふと気づいたことがあります。「まる子ちゃんのお母さんの本当の名前は、何だったのだろう?」と。

実はつい最近まで、まる子ちゃんのお母さんが「さくらすみれ」という名前だということを、私は知りませんでした。「さくらすみれ」、素敵な名前ですよね。でも、まる子ちゃんのお母さんはアニメの中で、ずっと「お母さん」と呼ばれていて、「すみれ」という名前が出てくることはありません。そこが、同じホームドラマの『サザエさん』の主人公のサザエさんとは違うところですね。

サザエさんは、タラちゃんのママですが、夫婦はお互いに「サザエ」「マスオさん」と、名前で呼び合っています。親からも、そしてご近所や親戚の人たちからも「サザエ」「サザエさん」と呼ばれています。サザエさんはまる子ちゃんのお母さんと同じ専業主婦ですが、主婦である前に、「サザエさんらしさ」というか、キャラが際立っているのですね。洋裁が得意で、誰かに頼まれてハンドメイドの洋服を作ることもあり、「自分らしさ」を持っているのです。

そういう見方をすると、同じ主婦でも「まる子ちゃんのお母さん」と「サザエさん」は、インパクトが全然違うなあと、今さらながら感じるのです。

ふと自分が子育てをしていた頃を振り返ると、自分も含めて周囲にも、この「まる子ちゃんのお母さん」がなんと多かったことか。みんな名前がないわけじゃないのに、相手の名前を聞こうと（知ろうと）していなかったのですね。

親しいママ友の苗字（姓）は、もちろん知っていました。でもその人を表す「名」のほうは、さっぱり知りませんでした。というか、興味を持たなかったというのが正直なところです。知り合って何年も経ってから、何かのきっかけで「○○ちゃんのママ、△△子さんっていうんだ」と知って、驚いたり、新鮮だったり、「へえー」と思うことが普通にありました。よくよく考えてみると、仲良くしているのに相手の「名」を知らないって、ましてや尋ねてもいないって、とても失礼なことかもしれませんよね。

そして、そんなことにまったく疑問を持たずに50年も生きてきてしまいました。このことにふと気づいたのは、プライベートで知り合った人から、苗字（姓）ではなく下の名前で呼ばれたことがきっかけです。

初めは聞き慣れなくて、呼ばれてドキッとしました（自分の名前なのに！）。でも「あんさん」「あんちゃん」と呼ばれることが、すごく懐かしくて嬉しくて。なんだか、私が私に戻ったような、そんな気分になりました。

子どもの頃はみんなからずっとそう呼ばれていたのに、いつの間にか名前を忘れかけていた自分にも、気がついたのでした。自分の愛おしい名前を、おろそかに扱ってはいけないと気づいたのです。名前を大事にしていないということは、言いかえれば、自分を粗末に扱っているのと同じですよね。

それからというもの、できるだけ知り合った女性に対しては、下の名前で呼ぶように心がけています。それがお互いに本来の自分でいる――自分らしくある――ことの始まりだと思うからです。名前で呼び合うことで、お互いを尊重できます。どんな人間関係も、そこから始まります。

名前を大切にすれば、自己肯定感も高まります。
どんなときも、自分の名前で生きていきましょう。

「ダメな私」になろう

ママ友に、とても素敵な方がいました。しとやかで、落ち着いており、お料理も大変上手でおやつは毎日手作り。子どもは、全国模試でもトップレベルの秀才。人前ではいつも堂々として、頭のよさが立ち振る舞いに現れているような女性でした。周りの母親たちからも「すごいわ」「素敵ね」と一目置かれている存在で、まさに「良妻賢母」の鏡のような人でした。

ちょっと余談になりますが、この「良妻賢母」という言葉、今はもうあまり使わなくなりました。良妻賢母とは、夫に対してはよき妻で、子どもに対しては賢い母である人のことです。ジェンダー平等が当たり前の現代には、ちょっとそぐわないですね。古くから日本で言われてきた言葉だと思っていましたが、意外に歴史は浅く、明治時代に作られた女子の教育理念に基づいた考え方に起源があるのだとか。「良妻賢母」は、男性優位な社会の中で作り出された理想（あるいは幻想？）ではないかと、私は感じています。男性が働く上で都合のいい環境を整えるために、この「良妻賢母」の考え方が、男性主導で広まっていっただけなのではないかと思うのです。

女性の地位が今よりもはるかに低かった昭和時代は、そもそも女性自身が自分たちの置かれた状況に疑問を抱くことさえなかったでしょう（中には我慢していた女性もきっとたくさんいたはずですが）。

高度経済成長期に生まれた私の世代は、ちょうど女性の生き方や価値観が徐々に変わっていく過程を目にしてきました。家族や世間のために「良妻賢母」を生きようとする母の背中を見ていますので、「女性というものは、夫や家族に尽くして生きるのが当たり前なのだ」と思っていました。同時に、「自分の世界も持っていたい」という気持ちもありました。

だからこそ、家の外でも家の中でも、がんばってしまうんだと思います。

きっと、あの素敵すぎるママ友も、社会と家庭の両方で求められる理想の女性像に、一生懸命応えていたのでしょう。

件《くだん》のママ友には程遠いものの、私も子育て中は、生真面目にいろんなことをこなしていました。だらだらテレビを見ることもなかったくらい。終わりなき家事とはよく言ったもので、家の仕事はとことんやろうと思ったら、本当にキリがありません。「家事は主婦である自分の仕事」だと思い込んでいましたから、「ちゃんとしないといけない」と思うと、手が抜けませんでした。

そんな私がひそかに憧れていたのが、毎日新聞に連載されていたホームコメディ漫画『ぐうたらママ』（古谷三敏・作）です。「こんなふうになれたらどんなにいいだろう」と、ちょっぴり憧れていたくらい。主人公のぐう山たら子は専業主婦。その名の通りぐうたらです。印象的なのはおせんべいを片手に寝転がって、テレビばかり見ている姿。サラリーマンの夫が炊事、洗濯など家事全般をこなすんです。夫はなんだかんだとあきれて文句も言います。でもなぜか、ぐうたらしているのに彼女はとてもチャーミングで、誰からも好かれる究極の愛されキャラなのです。

なんでもこなそうと母親（妻）ががんばると、周囲はそういう目で見るようになり、それが周囲にとっての当たり前になっていきます。すると、その期待に応え続けるために、もっとがんばろうとしてしまうのですね。そしていつのまにか、『うちのママはすごいんだ！』『うちの妻は素晴らしい！』と思われたい（いや、思われなくちゃいけない）」と、思い込むようになっていきます。

でも、本当に周囲は、それを求めていたのでしょうか？　そう思っているのは、もしかしたら自分だけ、なのではないでしょうか？

「失敗したけど、ま、いっか」「うわー、もう大変すぎ。無理、無理！」。そんなふうに、もっと適当に、がんばることをやめたり、白旗を上げたり、降参したりしてもいいんじゃないかと思います。

誰のために、何のために、自分はがんばるのか？　そのことを、少し立ち止まって考えてみてもいいのではないかなと思うのです。

それよりも、私たちくらいの年代になったら、自分の機嫌がいい状態（心地いい状態）を保つことのほうに、もっとエネルギーを傾けていいはずです。それを優先順位のトップにしてもいいくらい！

私も子どもたちから「あんさん、歳をとったな〜と思う」と言われることが増えました。

確かにその通り。私、歳をとりました。

でも、周囲がそんなふうに私を見ていることが、ちょっと嬉しくもあります。なぜなら、たぶん今の私には「歳をとったね」と言われるだけの「隙《スキ》」があるのですね。あるときからがんばることを手放すようになって、「ダメな私」をさらけ出しているからです。

「昔のあんさんは、もっとちゃんとしてた」「前はこんな感じじゃなかった」と感じる子どもたちは、そのギャップを年齢のせいだと思っているようです。でも、年齢を重ねただけでなく、ありのままの自分でいられるようになったからだと、私は思っています。

理由はどうであれ、「ダメっぷり」をさらけ出せるようになると、なぜかみんなから優しくされるという嬉しいおまけがついてきて、私自身もびっくりしています！

なんでもっと早く気づかなかったんだろうと思います（もったいないことをした！）。

完璧な人より欠点がある人のほうが、どこか魅力的に感じられることはありますよね。ぐうたらママもまさにそう。


あの素敵なママ友は、やはり今でも素敵なままです。でも、彼女のちょっとダメな一面も見てみたいなとも思うのです。今の自分なら、完璧な彼女に「大丈夫？　疲れていない？」と、声をかけてあげられるんじゃないかな。この年齢になったからこそ、そんな心の余裕も持てるようになりました。


がんばる自分を手放してみたら、ありのままでいられてラクになれます。

ありのままでいられたら、一番の魅力です。

「仕事」も「家庭」も「ごはん」も「そうじ」もなんて、やめよう

私のところには、「自分で何か仕事をしてみたい」「起業したい」という、40代以降の方々からの相談が多数寄せられます。

「なぜ起業したいのか」という質問に対して返ってくるのは、「会社での仕事がしんどい」「派遣やパートの立場が不安定」「もっと収入を上げたい」といった理由が目立ちます。

「子どもの手が離れて、いざ働こうと思ったら正社員に職はなかった」「家庭との両立を考えてパートでしか働けなかった」という理由から自分のキャリアに不満を抱えている人も少なくはありません。年齢が上がっていくにつれ、体力的にもしんどくなってきますから、「このまま、いつまで働けるのか」という不安もあるのでしょうね。

その気持ちはよくわかります。

でも、よくよく話を伺っていくと、仕事の内容に不満があるのではなく、ライフスタイルそのものに不満がある場合が少なくないことが見えてきました。

私は、パート、正社員のどちらの経験もありますが、拘束時間にさほど差はありません。人間関係の大変さも同じようにあります。パートで責任ある仕事を任されたという実績はありませんが、たとえパートであっても、肉体的にも精神的にも「しんどさ」を感じることはあります。

これは私の個人的な意見ですが、正社員に比べて賃金が低いせいで、「自分はたいした仕事をしていない」と、自分で決めつけてしまっているのではないでしょうか。「働き方を変えたい」という言葉の裏に、「もっと自分にしかできない仕事があるはず!」という自分への期待が隠れているようにも思います。

そういう悩みがある人に限って、家事をとても真面目にこなしています。まるで昔の自分を見ているような気分にすらなります。

私は一念発起して、45歳で正社員になりました。たとえフルタイムの正社員で働くことになっても、家庭の中での自分の主婦としての役割は今まで通りだという認識でした。だから、１日は本当に休む間もなく過ぎていきます。当時の１日を思い返してみたら、こんな流れでした。

正社員として再就職した頃の1日の流れ

＊5時、起床。簡単な朝食作り。夕飯の下準備。家族分のお弁当作り。
＊7時、朝ごはん。汚れた食器を食洗器に入れる。身支度。洗濯物を干す。時間があれば掃除機をかける。
＊8時、出勤。１時間の自転車通勤。
＊7時半、帰宅。座るまもなく夕ごはんの支度。
＊20時、夕ごはん。後片づけ。洗濯物をたたむ。
＊21時30分、一息ついて自分時間。
＊0時～1時、就寝。

目が覚めてから16時間も働き通しだったのですね。これでは、まるで「ひとりブラック企業」を経営しているようなものです。しかも、平日の夜にストレス発散のためとはいえパンやケーキを焼いて子どものおやつにしたり、翌日会社に持っていったりもしていたほど。いくらなんでも、がんばりすぎですよね。結果、正社員で働き始めた私は、みるみるうちにやせていったのです。自分ではダイエットに成功したと思っていましたが、これは危険でした。体から出ているSOSに、当時の私はまったく気づいていなかったのですから。

責任感の強いがんばり屋さんは、背負った責任を「いったん手放す」ということができません。「助けてほしい」って言えないんです。「がんばればできる」と思ってしまう。私の場合は、家事を手伝わない夫に対してイライラが募り、一気に夫婦関係が悪化しました。

確かに私はがんばったけれど、「仕事もやって、ごはんも、そうじも、家のこと全部やる」なんて、しょせん続きません。無理なんです。当時の私が「それはやりすぎじやない?」「無理なんじゃない?」と少しでも自分自身を疑う発想を持っていたら、イライラを爆発させることもなかったかもしれません。夫だけが悪いのではなくて、手が抜けなかった自分も悪いのです(今だからわかることなのですが……)。

ですから、今のワークライフに不満を感じていて、「なんとかしたい」と思っているなら、人生において大切にするものは何なのかを考えてみてほしいです。

新しいことを始める前に、自分の今の暮らしを客観的に眺めてみてください。「ちょっとおかしいんじゃないの?」と思うところを探してみてください。

そうしたら、あなたが抱えている本当の悩みが、見えてくるかもしれません。

あれもこれも……とがんばりすぎない。
がんばってもできないことはたくさんあるのだから。

自分で決めよう

誰かに誘われたり、何かを決めるときに、とっさに「主人に聞いてみてから……」と答えていることはありませんか。「断りたい」と思っていても、「主人に聞いてみてから……」とワンクッション置けば、なんとなく角が立ちません。とても使い勝手のいい言葉です。

でも中には本当に、「夫に相談しないと、何も決められない」という人もいます。これはちょっとおかしなことですよね。だって、「あなたはどう思うの？」と聞かれているのであって、本来、夫は関係ないのだから。

かく言う私も、長いこと「主人に相談してみないと」「主人に聞いてみてから」という言葉を都合よく使っていました。新聞の勧誘が来たときも、「主人がダメと言っているので」と断っていました。困ったときは、「主人」を表に出すことで、やんわりと自分で決断することを避けていたのです。

これが当たり前になってくると、自分で考えることをしなくなります。

どうしてもやりたいことがあって、夫に相談したことがあります。「私がやりたいことだから背中を押してくれるかな」という淡い期待もあったのですが、意外にも「やめといたら」のひとこと。そのときはどうすることもできなくて結局あきらめました。

当時の私は、大事な意思決定のほとんどを他人（主に夫）に委ねるのが当たり前になっていたのですね。それはすごくラクなことかもしれませんが、いつのまにか、自分のことを自分で決められない人になってしまう怖さがあります。「主人のせいでやりたいこともできなかったかわいそうな私」と主人を悪者に見る人もいますが、決断できなかったのは自分も悪いのです。「私はどうしたいのか」を考えていなかったのですから。決められなかったのは自分です。目の前で起きている現実は、すべて自分の決断がそうさせているのです。

夫婦は「2人でひとり」とも言えますし、運命共同体でもあると思います。でもやはり、夫は夫、妻は妻。ひとりひとり違いますし、別人格です。

自分のことは自分で考え、自分で決めることができなければ、いつも相手任せになってしまいます。それでは自分の思い通りの人生にはなりません。主語を「夫は」ではなく「私は」にして、自分の言葉、そして自分の人生に責任を持つようにしましょう。

自分で考え、自分で選び、自分で決めて行動していく習慣をつけると、「自分軸」が育ってきます。自分軸を育てるには、たとえば1日15分でもいいから、ひとり時間を持つことです。スマホや雑誌は見ないで、ただぼんやりとしてみてください。最初はその日あった出来事に思いを巡らせるだけで終わってしまうかもしれませんが、だんだん慣れてくると、自然と自分について考えるようになります。自分を客観的に見られるようになります。

自分軸があれば、困ったことが起きても「どうしたらいいと思う?」と人に相談することがなくなり、自分で決めたことに全責任を持てるようになります。


自分の人生は自分で舵取りするのが一番。

行き先も自由に変えられます。

自分の力を信じよう

「私にはなんの取り柄もないな」

「平凡な主婦に一体何ができるの?」

と長年思い込んでいましたが、ブログを始めるときに、「自分に何ができるのか」を真剣に考えました。

自慢できることはさして浮かばず、でも、しいて言えばお料理かなと思ったのです。食いしん坊がゆえに料理するのは苦ではなかったので、少しでも文章を書くのに慣れるためにも、作った料理を投稿することから始めました。

料理の腕前だけなら、私よりもはるかにすごいブロガーはたくさんいました。それでも料理ブログのランキングで、2位、3位をキープできたのは、料理にプラスして日々の出来事について「私はこう思う」というメッセージを発信していたからだと思います。

料理だけでは、他にもあまたにいる凄腕主婦ブロガーの中で埋もれてしまいますが、「料理×気づき（自分の意見を言うこと）」で、自分らしさを出せたのです。

私のところには、たくさんの現役主婦の方々が「得意なことや好きなことで稼げないか」と相談に来ます。でも、「得意」や「好き」だけでは、ビジネスにはなりません。しっかりとマネタイズできるようにするには、さらにそこから一歩進んで、『抜きん出る』ことです。

たとえば、私は一時、カフェオーナーを夢見てケーキ作りに励んでいたことがありました。ケーキのサンプルを友人に配っては感想をヒアリングしていました。みんな「とってもおいしい」「これなら絶対に売れるよ」と言ってくれたのですが、「お金を出すから作ってほしい」と言われたことは一度もなかったのです。ある日、そのことに気づいて「これは趣味の範囲なのだな」と悟りました。お金にならないことに、お金をかけるのは「趣味」です。

私に相談を寄せる主婦の方々の「得意なこと」「好きなこと」には、次のような事柄が多いです。

＊友人からよく相談事をされ、頼られる。
＊友人に洋服のセンスをほめられる。
＊料理の手を抜いたことがない。
＊節約上手でやりくりがうまい。
＊子育てに自信がある。

どれも、とっても素晴らしい才能です。

でも、勉強をしてその分野の資格を取ったり、「右に出る者はいない」というくらいその分野にくわしくなければ、私の手作りケーキ同様、趣味の域を抜け出せません。その道の「プロ」とは言えないのです。

だからと言って、落ち込むことはないですよ！ まずは、自分ができることの棚卸しをしなければ、何も始まらないのですから。

棚卸しのチェックポイント

☑「教えてほしい」と言われることがよくある。
☑人からすごく喜ばれたり、感謝されることがある。
☑「もっとこうすれば世の中がよくなるのに」と思うことがある。
☑実はものすごく、のめり込んでいることがある。
☑他の人よりも時間とエネルギーをたくさん注いできたことがある。

自分の中に眠っているマネタイズの種を見逃さないようにしましょう。その上で、その道のプロになるために、コツコツと努力を重ねましょう。

私はブログ開始5年で、ブログ講座を立ち上げました。5年間コツコツとスキルを積み上げてきたからこそ、できたのです。ちまたでは、「○○するだけで誰でも簡単に月商100万円稼げる」なんて謳《うた》っている起業塾などもありますが、そんなに簡単にできるのならみんなサラリーマンを辞めて起業しますよね。

自分の強みを、誰にも負けない武器にするには、それなりの時間が必要だということです。起業は安易に始められることではありませんが、そのためにも、ぜひ、自分の強みについて棚卸しをしてみましょう。

「好き」や「得意」をお金にするなら、思いきり抜きん出る覚悟で、突き進みましょう。

何でもお金に換算しよう

家族や身内からお金を徴収して、家事や料理をやってみましょう。そうしたら、あなたの仕事は立派な経済活動の一部。社会に役立っていると言えるのではないでしょうか。

主婦時代、夫と子どもたちのために毎日4つお弁当を作っていました。パートとはいえ仕事を持っていましたので、朝の時間の慌ただしさといったら、それはすさまじいものでした（夫が社員食堂に行ってくれればラクなのに……と内心不満でした）。3つ作るのも4つ作るのも、さして変わらないといえば、確かにそうです。でも、そもそも作りたくて作っているわけではなかったので、むしろ1つでもいいから減らしたいくらいでした。

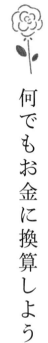

どうすればお弁当作りのモチベーションが上がるのかを真剣に考えてみた結果、アルバイトなら納得できそうな気がしたのです。そこで夫に「明日からお弁当代をいただきます。１つ５００円です」と宣言。夫は苦笑いしながらも、了解してくれました。

毎日少しずつ、５００円玉が空き缶の貯金箱に貯まっていきました。１か月で1万円にもなりました。

「家族からお金をとるなんて、こすい！」と思うでしょうか。

当初は私も、「これって、浅ましいのでは……」という想いもちょっぴりあったのですが、順調にお弁当貯金が増えていくのを見ていたら、そんな気持ちはきれいさっぱりなくなったのです。

むしろ、「私の料理はお金になる！」と小さくガッツポーズ。

貯まったお弁当貯金を、家族みんなのレジャーに楽しく使いました。家庭内という小さな経済圏ではありましたが、立派な経済活動だったと思います。

「食べさせる家族がいない」

「料理の腕を振る舞う機会が減ったなあ」

そんなふうに感じている主婦の方こそ、自分の手料理や家事の能力をマネタイズする方法を考えてみてください。

私も子どもたちが食べ盛りの頃は、テーブルに並べきれないほどの料理を出していました。食べ残しもほとんどなく、本当に作り甲斐がありました。それが今や、息子とふたり暮らし。毎日ほぼひとりごはんです。

料理はやらないと腕が落ちてきます。先日、突然帰省した次男のために茶碗蒸しを作ったのですが、急いで作ったせいもあるものの、味つけが薄すぎてしまって……私としたことが、そんな失敗は初めて。「やっぱり毎日料理してないと勘が鈍るんだ」と思いました。

母は、私以上に、子育て中は家族のために料理を作っていた人でした。子育てが終わった後も、いろんなものをたくさん作っては、孫がいる我が家に届けてくれたり、ご近所に配り歩いたりもしていました。それがいつしか、孫たちも大きくなり、ひとり暮らしになり、「作っても食べてくれる人がいない」からと、熱心に料理をしなくなったのです。

かつての私や、私の母のように、料理にある時期心血を注いできた主婦にとっては、そのスキルが鈍ることとや、力を発揮する場がなくなることは、アイデンティティが揺らぐくらいのダメージになり得ます。子どもの立場としても、いきいきと料理していた頃を知っているがゆえ、寂しさを感じてしまいますね。

宝の持ち腐れにするにはあまりにももったいない話です。

ですから、最初のうちは身内のためだけでもいいので、料理の腕前をマネタイズしてみてほしいのです。

特に今の若い世代（私たちの子ども世代）は、夫婦共働きで子育てするのが当たり前です。もし、あなたが私の母のように「作っても食べてくれる人がいない」というのであれば、「家事代行サービス」を提案してみてはどうでしょうか。冷蔵宅配を利用して「宅配型作りおきおかず」というのも不可能ではありません。

誰かのために自分の能力を役立てられたら素晴らしいですよね。私の友人は、働くママたちをサポートしながら食の大切さを子どもたちに伝えたいと考えて「子ども食堂」を立ち上げようとしています。最初は「自分には何も取り柄がない」と嘆いていたのですが、長年家族を支えてきた料理はスキルの1つ、立派な才能なのだと気づいたら、自信が湧いてきたのだそうです。

私のお弁当貯金の試みは、お弁当作りが本当に本当に嫌になってしまって、いつのまにか自然消滅……。お弁当1つ500円をもってしても、モチベーションを永遠に維持することは叶いませんでした。

とはいえ、やってみたことに、価値があったと思うのです！

お弁当1つにつき500円を家族からもらってもいいでしょう。評価されるからこそがんばれるのですから。

自分の本気は行動で示そう

パートが忙しくなり、夫に愚痴をこぼしたときのことです。

「君の仕事は遊びだろ。僕と一緒にしないでほしい」

と夫からの返事。体中が凍りついたのを覚えています。

確かに夫は自分の10倍は稼いでいましたから、仕事における立場もスケールも違うでしょう。でも私が聞きたかったのは「大変だね。がんばってるね」という言葉。自分のがんばりを認めてほしかっただけなのです。

家事や子育てをがんばっているのに夫から理解や尊敬を得られない最大の理由は、その大変さが理解されていないからです。

私が30代後半の頃、夫は数年間海外で単身赴任しており、わんぱくざかりの3人の子どもをワンオペで育てていました。たまに夫が帰国すると、ひとりで外国でがんばってくれているのだからと、これでもかというくらいもてなしてしまうのです。夫が赴任先へ戻った後は、疲れからか必ずと言っていいほど熱を出していました。日本で家族を守るのは自分の役目と考え愚痴もこぼしませんでしたから、妻がどれだけ大変かなんて夫に理解できるはずがないのです。

パートやアルバイトをして働けば、当たり前ですが、仕事の対価をお金でいただくことができます。それがあなたの評価でもあります。仕事をがんばれば社内で評価は上がり、昇給すれば承認欲求も満たされて、働くことがもっと楽しくなるでしょう。それはそれで素晴らしいのですが、同じように、家庭での自分の仕事も、認めてもらいたいですよね。そのために必要なことは何かと言えば、それはやはり、お互いを認め合うことだと思うのです。

主婦の私が家事をして当たり前なら、夫が会社で働いて稼ぐのは当たり前です。私のことを「偉い」と認めてくれていないのであれば、当然、私も夫のことを「偉い」

とは思ってないのです。そうそう、単身赴任中に夫からバカンスに招待されたことがありました。なにもかもがラグジュアリーな贅を尽くした旅。海辺でくつろいでいると「僕と結婚してよかっただろう」と夫に言われ、正直、返事につまりました。マウントされたように感じたからです。「うん、ありがとう」と言えばかわいい妻なのでしょうけれど、素直に「うん」とは言えない自分がいました。それよりむしろ「この旅は、日本でひとりで家を守ってくれる君への感謝の気持ちだよ」という言葉が聞きたかったのです。

夫は夫で、妻に仕事のがんばりを認めてほしかっただけなのかもしれませんね。私たちはお互いに似た者同士だったのかもしれません。妻から素直に認めてもらえない夫の姿は、実は私の姿でもあったのです。そのことがわかったのはずっと後になってからです。

45歳で再び正社員として勤めた会社は、いわゆるブラック企業で、私は大変な思いをしました。それで夫の大変さをやっとわかったのでした。「働いてお金を稼ぐって、大変なことなのだ」と。

夫婦がどれだけ歩み寄れるか、お互いの見えていない部分に心を寄せられるか。そのためには、まずは、「お互いの大変さを、お互いにわかっていない」と気づくことが大事だと思います。

そして、自分ががんばっていることを、まず自分が認めること。そのうえで、あなたの生きる姿勢やがんばりを、言葉ではなく行動で見せていくことだと思います。

私は、起業するとき家族に相談せずにひとりで決めました。

3人の子どもたちはみんな「がんばって」と応援してくれました。「えー、ほんとにできるの?」とか「辞めといたら?　そんなん無理やで」なんてことは、ひとことも言われなかったのです。

風邪で寝込んでいてもブログを投稿している姿、暇さえあればビジネス書を読んでいる姿、コツコツと起業に向けて準備している姿、やると言ったら最後までやり遂げる姿……私が夢に向き合う姿勢を、子どもたちは間近で見ていたのですね。狭いリビングの片隅でひたすら何かに打ち込んでいる姿を見てくれていたんだと思います。だからこそ「がんばって」と背中を押してくれたのだと思います。

もし、あなたが何かを始めたくて夫に認めてほしい、家族に協力してほしい、理解してほしいと思うのであれば、「こういうことをしたいんだよね」といくら言っても相手には響かないと思います。本気で取り組む姿勢を見せること以外に、周りが認めてくれる方法はないと思います。あなたががんばって行動している姿を間近で見ていれば、誰だって応援せざるを得ないですよね。

そのうえで、「しんどいから○○を代わりにやってほしい」とお願いして、夫の家事や子育てにかかわる部分を増やしてもらうのです。そうしたらきっと、妻の大変さを実感できるはずですし、家事・育児・仕事、ひとり3役以上を当たり前のようにこなしている妻のスーパーウーマンぶりを認めざるを得ないと思います。

「わかってくれない」と言うだけでは、ただの駄々っ子の域を抜けません。
「背中」でモノを語れるくらいの努力をしてみましょう。

どんどん、アウトソーシングしよう

自分の時間を確保するために、シッターや家事代行を利用することを強くおすすめします。

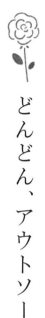

繰り返しになりますが、日本の主婦、特に私と同世代の50～60代の方々は、責任感が強く真面目で働き者です。そのため、人を頼ることに罪悪感を感じやすいのですね。そのせいで、子育てのためにキャリアを諦めたり、親の介護のためにキャリアを捨てたりしてしまいます。それはやはり、どう考えても男性より女性のほうが家族の世話に対する負担が大きいからです。

まだ息子たちが幼稚園の頃のことですが、ママ友のKさんは、仕事を始めるために

「シッターを雇いたい」と夫に相談しました。そうしたら「シッターを頼むくらいなら、仕事なんてしなくていい」と言われてしまい、落ち込んでしまいました。そこで悩みを聞いたママ友たちが協力を申し出て、交替でKさんのお子さんを家で預かることにしたのです。子どもたちは大喜びではしゃいで遊んでいましたが、Kさんはいつも申し訳なさそうにしていました。

ここに釈然としないことがあります。

それは、ママ友ならいいけれど、ベビーシッターがなぜダメなのかということです。Kさんの夫が「NO」と言った理由は明らかに「世間体を気にしたから」だと思うのです。当時の価値観からすると、子どもを預けてまで妻が好きなことをする（たとえそれが仕事であっても）なんて、許せなかったのでしょう。実際のところ、誰もそんなことは思わなかったはずですが、「周囲にそういう目で見られたら」と思うと、夫としては受け入れられなかったのでしょう。

実は私も、娘が赤ちゃんのときに、一時預かりの保育園に預けて、デパートに買い物に出かけたことがあります。連れて行くこともできましたが、子ども同伴の買い物はいろいろと面倒なので、数時間預けてみたのです。正直、「助かった」という気持ちより、「ほったらかしてごめんなさい」という罪悪感のほうが強かったのを覚えています。当時は、子どもはどんなときも母親が面倒をみるのが当然だと思っていたからです。

夫や他人の目を気にしたり、「〇〇するべきだ」という世間の価値観をそのまま信じ込んでいたら、主婦が自分の時間を作るなんて、できません。そのうち、「まぁ、今は仕方ないよね」と、自分のことを諦めるようになるでしょう。そうすると、自分ができないことをしている他の人をうらやましく思えてきます。「自分はちゃんとやっているのに、自由にやりたいこともできないなんて、なんだか不公平だな。あの人はラクしていいそうでいいな」と、嫉妬心がむくむく湧いてきます。

余裕がなくなってくると、ひとりよがりの妄想は、暴走するばかり……手に追えなくなっていきます。

だからこそ、自分を抑えつけてはいけないんです。

この歳になって思うのですが、私たちは人生を楽しむために生まれてきたのであって、わざわざ苦労するために生まれてきたわけではありませんよね。これだけ世の中が便利で豊かになっているのなら、自分の心の余裕のために、必要なサービスはどんどん買ってもいいのではないかと思うのです。

子育てや家事だけでなく介護も然《しか》り、です。

私は、母の介護をしていたとき、通院の付き添いや送迎などは積極的に有料サービスを利用しました。おかげで、介護時間を大幅に短縮でき、心理的負担も減りました。

それでも最初のうちは、「付き添いくらい、自分ですればいいんじゃないか」と、罪悪感があったのですが、慣れてきたら気にならなくなりました。「世間の常識」や「当たり前に思い込んでいたこと」も、ちょっと向き合い方を変えるだけで、少しずつ打ち崩していけるのですね。

ベビーシッターや家事代行サービスを利用して自分が得られるメリットをぜひ、考えてみてください。得られるものが具体的になったら、人に頼ったり、サービスにお金を使うことにもためらいがなくなるはずです。自分が変わらないと、周囲の感じ方も理解も変わらないはずですから、あなたが「現状打破」することは、社会の常識を変えていくための大切な一歩でもあるのです。

「自分が全部やらなくちゃ」という思い込みを捨てましょう。
自分の気持ちにゆとりが必要なら、周囲に尋ねるまでもなく、ラクしましょう。

ぼーっとしよう

これまで、まるで回遊魚のマグロのように、起きたら寝るまでの時間、ずっと動き回っている人生を送ってきました。「何もしないこと」がなんだかよくないことのように感じていたのですね。予定をつめ込んでは、「私ってよく働くなあ」「がんばっているよね」と、自分で自分を励ましていたのです。

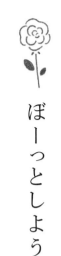

思い返せば、「何もしない期間」というのが、なかったのですね。出産退職したときも、パートから正社員になったときも、再び転職したときも、起業したときも、すぐに次の人生をスタートさせていたからです。

空白の期間がないことは、一見無駄がないように見えます。でも、どこかで疲れもたまるのですね。それは、キャリアのような長い時間軸で捉えるものだけでなく、

1日の時間の使い方にも当てはまります。

「寝坊したら活動時間が減っちゃう」「休みの日でもゴロゴロしていたらもったいない」、こんなふうに思ったことは、ありませんか。

自分も含めてですが、こう思いがちの人はきっと、「何かをしていないとダメなんじゃないか」「充実していないんじゃないか」という体質になりきってしまっているのでしょうね。

そのことにまったく気づかないで50代半ばまで突っ走ってきてしまいました。

そういう人生にピリオドを打ちたくて起業したのですが、気づけば、自分の時間はたっぷりあるはずなのに、いつも何かに追われていたのでした。自営業（フリーランス）の魅力は、誰にも束縛されず、自由に時間を使えることです。それなのに、私は起業前と同じように、時間があればあるだけ、どんどん予定をつめ込んでスケジュールをいっぱいにしていました。

休む間がなければ、まず脳の働きが低下して、思考停止してきます。体がスッキリしなければいいアイデアも浮かびません。そうなって初めて、私は「疲れすぎている自分」に気づいたのです。

幸せは与えられるものではなく、感じるものだと私は思っています。「普通の日常」から豊かさを見つけられるか、味わえるかが、人生の楽しみだと思っています。

1日は、必ずしも学校の時間割表のように進まなくてもいいのです。なんとなくテレビを見たり、急に見たくなったビデオを見たり、うとうとと昼寝をしたり、犬と遊んだり。そういう時間は、あらかじめ時間を決めておけないですね。非生産的な活動なのかもしれませんが、こういうことをしている自分に「OK」を言ってあげましょう。

お金がなければ無駄遣いができないように、非生産的なことに時間を無駄遣いできるというのは、時間があまっているからです（「無駄遣い」ではなくて「有効活用」と言ったほうが当てはまるかもしれません）。

「ダラダラしても、サボっても大丈夫。ぜんぜんOKだよ、私」と自分に言えるようになると、ゆとりが生まれてきます。そうすると、どうでもいいような小さなことにも感謝したり、豊かさを味わったりできるのです。

そのためにも、私は仕事の予定を考えるとき、１週間に一度は「何もしない日」を作って、手帳にマーキングしておきます。そして１日の中で10分でも、15分でもいいので、ぼーっとする時間を作るようにしています。

ワクワクする「未来の時間」の先取り貯金、おすすめです。

なんにもしない時間を定期的にスケジュールに入れておきましょう。
明日へのモチベーションが上がります。

自分だけの2時間で、人生を変えよう

1日は24時間、みんなに平等に与えられています。でも、会社のため、家族のためにすべての時間を使っていたら、自分のために使える時間はほぼありません。主婦時代の私はまさにそんな感じだったのですが、何か新しいことがしたくて、ブログを始めました。文章を書くのも不慣れだったので、当然、時間の確保が必要でした。

当時は、娘がまだ高校生で、お弁当作りのために朝5時頃には起きていました。同居する母に帰宅後すぐに夕ごはんを食べさせられるように、夕ごはんの下ごしらえもしていました。あわただしい朝の家事をひと通り終えると、コーヒーを楽しむ時間くらいは持つことができたので、その時間をブログに充てることにしたのです。

人が何かに打ち込んでいる姿は、たとえ家族であっても声をかけにくいものです。いつも何だかんだと話しかけてくる母も、パソコンに向かって熱心に作業する私に声をかけることはありませんでした。

それまで、誰かに読ませるための文章らしい文章を書いたこともなく、パソコンも使ったことがなく、もちろんブラインドタッチもできないので、文字を打つだけでも時間がかかかります。ネタを考え、画像を用意し、1記事を書き終えるまでに2時間くらいでしょうか。ブログを続けるということは、それまで24時間めいっぱい主婦業に時間を使っていた生活から、自分だけの2時間を捻出しなければならないということだったのです。


私がまず取り掛かったのは、無駄な時間がないかを確認する「時間の棚卸し」でした(160ページに詳述)。すると、とりとめもないおしゃべりをする職場のランチタイム、なんとなくテレビを見ている時間、お風呂の湯船に浸かっている時間などが把握でき、「2時間くらい、なんとかなるかもしれない」という目安が立てられたのです。

実際にブログを日課にしたら、書くことが何よりもおもしろくて楽しかった！

結果、がんばるまでもなく、テレビの時間が圧倒的に減りました。自分の伝えたいことが誰かの役に立っているかもしれないと思うと、なんだかワクワクしましたし、たまに「ありがとう」なんてコメントをもらったら、「こんなことで感謝されるならば、もっといいことを伝えたい！」と考えるようにもなりました。すると、自分の暮らしを客観的に観察して、ブログで伝えたいことがないかを積極的に探すようにもなりました。それが、ぜんぜん面倒ではなく、むしろ楽しいくらいだったのです。誰かが喜んでくれることに自分の喜びを見出せたのですね。

ブログを始めるときに自分との約束で、「１日も休まずに書こう」と決めていたので、１日２時間集中するうちに、ブログ投稿が習慣になりました。今では書かないと気持ちが悪くなるほどです。

無駄な時間の断捨離をするつもりでしたが、ワクワクすることに出会ってのめり込むうち、無駄な時間はみるみるうちに自然消滅していたのでした。

時間は「あるもの」ではなく、「自分で作るもの」です。
ワクワクすることで毎日2時間が満たされたら、これからの暮らしが輝きだします。

おわりに

京都の奥座敷にある温泉宿でこの原稿を書いています。実は今日が59歳の誕生日であり50代最後の年がスタートしました。

時は遡《さかのぼ》って42、43歳の頃、私はパート主婦で、家では子どもの世話に明け暮れていました。職場には、これまでかかわりのなかったバリバリ働く看護師さんや薬剤師さんなど、家庭を持ちながら自身のキャリアを構築している女性たちの姿を目にします。

そのうちのひとり、薬剤師のMさんは、定年退職後は自分の都合のいい日だけ働いていました。Mさんは経済的にも裕福でいつも余裕を感じさせる素敵な60代でした。趣味の歴史のために、好きなときに夫を置いてひとりで海外旅行にも出かけています。職場の同僚たちもMさんを羨望の眼差しで見ていましたが、みんながみんな「理想だけれどMさんだからできるのよね」と陰では言い合っていました。私も、「学歴も資格も何もないのに、どうやったらMさんのようになれるのだろうか。なれるものならなってみたい……」と常々思っていました。

そんなMさんがすすめてくれたのが、今、この原稿を書いている温泉宿なのです。Mさんのようにはなれなくても、ちょっと背伸びして真似してみたいなと思い宿泊してみたら、すごくよかったのです。それから何度となく利用しています。今回は記念すべき50代最後の誕生日の朝をここで迎えています。

40代そこそこの頃の私には、好きなときに働いて、好きなことを誰にも気兼ねすることなくできる未来を1ミリとて想像できませんでした。ただ、潜在意識の中には「なりたい自分像」として、少しはそういうイメージがあったのかもしれません。

だからでしょうか。Mさんのように正社員で働いてみたり、ひとり旅をしてみたり、自分がいいと思うことはどんどん人に伝えたりしているうちに、55歳で起業して、自分のやりたいことを全部やれる人生になっていました。

そのことに気づいたのはごく最近のことです。「あれ？ いつのまにか夢が叶っちゃってる……！」と。

躾に厳しい母親から「人生は修行！」と言われて育ちましたが、私はそれは違うように思います。人が何のために生まれてきてそして生きるのか、本当のところは、いくら考えても明確な答えはわかりません。

だからこそ人生を楽しまなきゃと思います。

私の人生の目的は「思い通りに自由に生きること」です。それはわがままとか自分勝手とかではなく、「自分のことを自分で決められる人生」を意味します。

たとえば、目標というのは目指すものですが、目的は設定するものです。

目的に到達するには、気合や根性のような意志の力が必要になってきますが、それはちょっとしんどいようにも感じますね。人のがんばりは、そんなに長くは続かないものだから。

でも、ちょっとカーナビを思い出してみてください。ときどき遠回りに誘導することもあるけれど、必ず目的地に向かって導いてくれますね。

人生もそれと同じだと私は思います。目的さえきちんと設定すれば、たとえタイムラグはあったとしても、一時的に明後日の方向に行ってしまっても、きっと軌道修正できるのだと。なぜなら、設定した目的を具体的にイメージしたら、それはきっとあなたが口にする言葉に影響を与え、行動のすべてを少しずつ変化させるからです。

だからぜひ、あなたも自分と向き合って「どんな人生を歩みたいか」、人生の目的を設定してみてください。そうすれば、あなただけのかけがえのない人生が見えてくるはずです。

この本を書くにあたって、多くの方々にお世話になったことを、改めて感じております。

50歳を過ぎて始めたブログが、まさかこれほどまでに人生を変えることになろうとは想像すらできませんでした。これもいつも応援してくださる読者の皆さま、家族や友人、人生を教示してくださった諸先輩方、本書制作にご尽力いただきました皆さまのおかげです。この場をお借りして厚く御礼申し上げます。

この本が、あなたの未来のLIFE SHIFTのきっかけになりますように。

中道あん

著者　**中道あん**（なかみち・あん）

著述家、ブロガー、起業家。

1963年、大阪府生まれ。26歳で結婚、二男一女を授かる。家事と育児、お小遣い稼ぎ程度の仕事とママ友ライフを幸せに送るが、子どもの成長とともに自分自身の生き方・将来に真剣に目を向けるようになり、正社員として働き始める。

自らの経験を綴ったブログ「アラフィフの生き方ブログ　50代を丁寧に生きる、あんさん流」でAmeba公式トップブロガーとなる。

2019年、「自分らしく生きたい女性のための発信塾」を起業。アラフォー・アラフィフ以上の女性を中心に、より豊かに生き直すためのマインドセット術、ブログ発信の方法、個人起業の手法などを伝授。延べ550名以上に啓発を与えている。

著書に『50代、もう一度「ひとり時間」』（KADOKAWA、三笠書房）、『昨日とは違う明日を生きるための新しい幸せの始め方』（KADOKAWA）がある。

HP　https://lifeshift-ann.com/
公式ブログ　https://ameblo.jp/aroundfifty50/
note　https://note.com/eittoness0216/
Twitter　@Aaround50
Instagram　@gaku.an

「誰《だれ》かのために」を手放《てばな》して生《い》きる

2023年３月６日　初版　第１刷発行
2023年３月25日　初版　第２刷発行

著　者　中道《なかみち》　あん
発行者　石井　悟
印刷所　八光印刷株式会社
製本所　新風製本株式会社

発行所　株式会社**自由国民社**
〒171-0033　東京都豊島区高田3-10-11
営業部　TEL03-6233-0781　FAX03-6233-0780
編集部　TEL03-6233-0786　URL　https://www.jiyu.co.jp/